声に出して読みたい禅の言葉

齋藤孝

草思社

はじめに

世界の多くの人が「禅」を日本の象徴ととらえています。禅はインドから中国、中国から日本へと伝わってきました。そののち中国では禅宗が衰退していきますが、中国禅を受容した日本で禅は大きく花開きました。たしかに禅は歴史的に見て、日本の文化の隅々に浸透し、文化に厚みを与えていました。

禅というものが日本に伝わらなかったら、そして禅が禅寺の中だけにとどまっていたら、日本の文化はこれほど豊かにはならなかったと思います。茶道一つをとっても、禅と結びついて、作法にとどまらず、心の修養として発展しました。剣道や弓道や書道など「道」とつくものは禅の影響を強く受けていますし、俳句（俳諧）もそうです。外国人が「日本（日本文化）＝禅」ととらえる一因がここにあります。

日本の禅文化を海外に広く知らしめた仏教学者の鈴木大拙《だいせつ》は『禅と日本文化』（鈴木が欧米人のためにおこなった講演をもとに英文で著されたもので、一九四〇年に日本語訳刊行）で、禅は日本人の性格と文化に大きな影響をもたらし、深く結びついていると書いています。

禅と結びついた日本文化の中で生活していたかつての日本人は、坐禅などの特別なことをしなくても禅の境地がそれとなくわかっていました。戦前までの日本の文化、日本人の生活様式は伝統的なものだったので、その中で自然と禅が生かされていました。

ところが、今の日本人が禅を理解し、禅の境地が体得できているかというと、はなはだ心もとないと思います。鈴木大拙が『禅と日本文化』を著したときに前提とした日本人の生活が様変わりしたため、今の日本人の多くは禅というものがわかりにくくなっています。

しかし、その一方で、禅に興味を抱く人がふえています。禅語《ぜんご》（禅の境地を表した言葉）を学んだり、若い女性を中心に坐禅を組む人もふえています。その背景には、現代社会がもたらすストレスが非常に大きくなっていること、自分にとって大切なものが見えにくくなっていること、仕事や生活や人間関係に漠とした不安を抱えていることがあると思われます。自分を見つめなおして不安から逃れたいというとき、禅は安らぎを与えてくれるということで見直されているのだと思います。

現代社会は、幸か不幸か非常なスピード社会で、コミュニケーションも密で、ストレスもたまりやすいので、禅がいよいよ必要な時代になっています。心がまっさらな状態にもどるというか、「更地《さらち》」のように何の飾り気もない、自分自身の自然なあり方に立ち返るという体験を通して、「自分が自分が」という思いを捨てて心を軽くしながら生きていく。禅の知恵を借りて生活を豊かにする。それは生き方の奥深さに通じます。

禅の言葉を音読し、禅の心を学ぶことで、心を軽くし、身体の緊張をほどいて俊敏・自在に動けるようになり、その結果、毎日が過ごしやすくなる。この本を通してそうした禅の精神、禅の心にふれ、「日日《にちにち》是《こ》れ好日《こうにち》」となり、「無事《ぶじ》是《こ》れ貴人《きにん》」となることができるように願っています。

著者

もくじ ■ 声に出して読みたい禅の言葉

第2部 日本篇

【序】 禅の心――自分に立ち返る

ブッダの悟りを追体験する営み

禅とは、一言で言うと、仏教のエッセンスを体得する実践的な営みのことです。

仏教は、釈迦族（古代北インドの一部族・小国）の王子だったゴータマ・シッダールタが出家して、僧の道に進み、悟りを開いてブッダ（ゴータマ・ブッダ）になって人々に説いたもので、大きく分けて二つあります。

一つは、ゴータマ・シッダールタがブッダになったときの体験です。菩提樹のもとで悟りを開いた瞬間が仏教の大きな源流になっています。

そうしたブッダ自身の体験とは別に、もう一つ、ブッダが説いた、この世界はどうなっているのか、私たちは一体どういう存在なのかに関するさまざまな教えがあります。ブッダが最初の説法で説いたとされる八正道《はっしょうどう》。人間が正しい生き方をするにはどうすればいいかを説いた八つの実践法です。仏教における苦を説いた四苦八苦。苦とは「苦しみ」のことではなく「思うようにならない」ことで、これを乗り越えるには煩悩をどうすればいいかなどを説いた。仏教で説かれている教えの大本をブッダは説いた。

ブッダの教えが言い伝えられ、その過程でさまざまな人がそれに付け加えていって仏典になっていきました。その間に仏教の教えはどんどん膨らみ、さまざまな経典は膨大な文字で書かれることになりました。そもそもブッダは文字に表すことは自分を離れ、敬虔《けいけん》さを失うと考え、文書化を許さなかったため、口伝《くでん》したのですが、ブッダの入滅後、十大弟子の一人で教団で指導的役割を担った摩訶迦葉《まかかしょう》が、釈迦の教説を正しく記録することの大切さを訴え、経典として編まれることになったという背景があります。

それらが中国西域の僧・鳩摩羅什《くまらじゅう》（サンスクリット：クマーラジーバ。三四四〜四一三〔三五〇〜四〇九とも〕。中国・後秦《こうしん》の時代に長安《ちょうあん》に来て約三百巻の仏典を漢訳）や唐代の僧・玄奘《げんじょう》（六〇二〜六四。インドから持ち帰った膨大な経典の翻訳に余生を捧げた）らによって膨大な経典が漢訳されました。その漢訳した漢字を音読みして、いま日本人はお経として唱えているわけです。聞いただけではよくわからないけれど、ありがたそうだと私たちが唱えているお経の背景には、そんな長い長い積み重ねがあります。

さて、ブッダが説いたこの世についての考え方、命というものについての考え方、いかに生きるべきかという教えに対して、革命的な一派が生まれました。それが達磨《ダルマ》（「達摩」とも）を始祖とする禅の一派です。何が革命的かと言うと、ゴータマ・ブッダが悟った体験に立ち返り、ブッダの体験を自分たちも体験すればよいとしたことです。「**冷暖自知**《れいだんじち》」という禅語があります。水の冷たい暖かいは飲んでみてはじめてわかるように、悟りの境地は体験してこそ親しく知ることができるという意味です。さまざまに文字に書かれた教えよりは実際に悟ることのほうが重要だから、実践的・体験的にやっていこうというのが禅の考え方の基本です。

「どきっとする」「はっとする」からはじまる

文字から離れて体ごと悟りの体験を得ようとする禅は、いわば徹底体験主義です。たとえばスポーツができることと、スポーツを批評したり語ることができることとは別のことです。野球やサッカーの試合を見て、こうすればよかった、ああすればよかったというふうには言えても、やってみろと言われたらできない。

しかし禅では、やってみろと言われてできないのでは意味がないと考えます。自分が悟ることが要諦《ようてい》ですから、悟った人の言うことを聞いて、その言葉を伝えていくことが大事なのではなく、悟りの体験そのものを私たち一人ひとりが追体験しなければなりません。「おまえはできるのか、悟っているのか」と問われると、どきっとします。悟りについて山ほど語れる人でも「悟っているか」と言われると、はっとする。その「どきっとする」「はっとする」ところからはじまるのが禅です。

ですから、禅の問答にあるように、「おまえは本当に悟っているのか」と問われて「悟っている」と答えると、「その悟りは悟った気分になっているだけではないのか」とたたみかけられる。こうした問答や坐禅などの修行を通じて悟りに至ることができると考えます。

しかしその一方で、修行をしなくても、私たちがふつうに生きている在り方がすなわち仏なのだから、日常のことを当たり前にするなかで本来の自分を発見すればいいのだという考えもあります。ひとくくりに禅と言っても考え方に違いがあります。

達磨は壁に何を見たのか

禅は悟りの境地を体験的に得ようとする営みなわけですが、その一つに坐禅があります。なぜ坐るのか。一つにはゴータマ・ブッダが菩提樹のもとで静かに坐って悟りを得たことから、それを体験的にやってみようということになった。坐禅といえば、禅宗の開祖・達磨は壁に向かって坐ること九年におよんだとされています。ブッダが坐った、そして達磨も坐った。だからわれわれも坐ろうとなったわけです。

達磨は実在の人物ですが、記録がはっきりと残っていません。最古の達磨語録と言われる『二入四行論《ににゅうしぎょうろん》』（敦煌本《とんこうぼん》）には達磨の「確信（核心）」が書かれています。二入というのは「本来のあり方に立ち返る」ための理解（理入《りにゅう》）とその実践（行入《ぎょうにゅう》）のことです。人は本来誰でも等しく仏性《ぶっしょう》を持っていることを「確信」し、妄想（あらぬ思い、あってはならない思い）を取り払っていけば、仏性はおのずと現れてくるものだとした。「**妄を捨てて心に帰れ**」です。

中国禅宗史研究の第一人者の柳田聖山氏は達磨の「確信」とは「経典を排するのでもなければ、経典べったりの専門家になることでもなかった。経典が本来あらわしだそうとした心の真実を把《つか》むにあった」（『禅思想』）と説いています。

壁に向かって坐ること九年に及んだという伝説のある達磨ですが、ふつうは目を開けているより、つぶったほうがいろいろなものに惑わされにくい。気がざわざわしたり不安に襲われたときに目をつぶって心を落ち着かせると、外に向いていた心がすーっと内側に入っていって静まるのを感じる。これと同じように、壁を見つづけていると、目を開けているにもかかわらず、さまざまな妄想に惑わされにくいということが起きる。もし、壁を見つづけているとき、人の顔などさまざまなものに見えてくるならば、それは妄想が起こしたものだということになります。

達磨は「**外に諸縁《しょえん》**（さまざまな因縁）**を止《とど》め、内に心が喘《あえ》ぐこと、心は牆壁《しょうへき》**（囲い）**のようになって、はじめて道に入ることができる**」と説いています。達磨から数えて六代目の祖（六祖）慧能《えのう》も、外に向かって心の思いが起こらないのを「坐」と言い、自分の内側に本性を見て動じないのを「禅」と言うと定義しています（三八頁を参照）。

不動の壁を見つづけることで、外に向かっていた心が内に向かい、何事にも動じない不動の心になり、雑念や妄念に惑わされない境地に落ち着いていく。自分があたかも壁のようになり、自分が壁を見ているのか、壁が自分を見ているのかわからなくなる。これが「空《くう》」です。空は雑念や妄想が入り込んでいない世界で、「無心」のこと。達磨の「壁観《へきかん》」を柳田聖山氏は「壁が観《み》るのである、壁を観るのではない。壁となって観るのである。何を観るのか、空を観るのである」と説いています。

しかし、壁観という禅の技法をそのまま踏襲《とうしゅう》しようとすると、それもまた形骸化《けいがいか》して形にすぎなくなるので、やたらに壁に向かって坐ればいいというわけではありませんが、ときには壁に向かって坐ることで、壁が不動なことに助けられて心を落としていくということがあるのではないでしょうか。

坐ることにはどんな意味があるか

禅とは、私たちの心の雑念を取り去った無心の状態を実現することです。無心ではない状態とは、過去にとらわれてああすればよかったと後悔したり、将来こうなったらどうしようと不安になったりして「現在」がなくなってしまい、雑念によって自分が侵食されてしまっている状態です。

坐禅というと、苦行を通して精神を鍛錬するというイメージを持たれがちですが、坐るという一つことに専念することで自分を抑え、物事を頭でわかったつもりになることをやめるのがその目的です。何もしないことで、自分の内側を見つめ直す機会をもたらしてくれます。

大地と自分が一体になり、自身を振り返って心を静め、後悔や不安から離れて、いま坐っている自分に集中する。それをつづけていくと、「身心脱落」、後悔や不安が落ちて、自分が坐っていることさえも忘れて、静かに呼吸とともにある状態になる。まさに「今」を生きているという感覚になります。

過去は過ぎ去っているし、将来は来ていないのだから今を純粋に生き切ることに集中する。坐っていれば、やるべきこともない。そのやるべきことがない状態に集中し、呼吸を感じることだけに生きる。息を数えるとか、吸って吐いて吸って吐いてということから禅の修行をやるというやり方もあります。

今この時に生きることに集中する、それが「今→今→今→今……」という連続になって、最後に死がやって来る。今を生きて生き切って、そののちに死が来るとしたら、死をすっと受け入れられる。人間にとって一番大きな恐怖である死の恐怖を克服することにつながります。今を生き切るという心の技、身体の技が身についていれば、死の不安は和らぎます。

超能力ではなく、平常心であること

無心という心の状態は坐禅だけで得られるものではありません。テストのとき、スポーツの試合のとき、音楽の演奏のとき、雑念が起こった瞬間にミスをすることがあります。演奏のとき、ここで間違えたら大変だと思った瞬間に硬くなって間違えてしまう。ふつうにやればいいのに、いらないことを考えるからミスをする。

禅で言う無心は、考えがないということではありません。冷静に認識し、最高のパフォーマンスを平常どおりにおこなうことであり、超能力ではありません。できないことが突然できるようになることでもありません。練習どおりにきっちりできる。平常心を保って、雑念が入っていない状態です。

バッハは、どうしたらそんなにうまくオルガンが弾けるのかと訊《き》かれて、楽譜どおりに定められたタイミングで、定められたところに指を置くだけだと言ったという逸話が残っています。いま置くべき位置に置くべき指を置く。つぎのタイミングでも置くべき位置に指を置く。ひたすらこれを積み重ねていくことがすばらしい演奏につながる。一つ一つの鍵盤タッチだけを考え、後のことも先のことも考えない。これなども禅的です。

ゴータマ・ブッダはヨガの行を活用しながら悟りに至りました。ですからヨガと仏教というのは近い関係にあるのですが、いまはそれが忘れられがちです。

ヨガでは「体をリラックスさせ、コントロール下におき、呼吸で心と身体を結びつけたときに、その人の本来の力が発揮できる」としています。現代に生きる私たちは頭ばかりを使いがちですが、上半身の余分な力《りき》みや気張りを落としていくと、下半身に力が充実する。スポーツでも力を入れることは簡単だが、力を抜くことはむずかしいとされます。うまく力が抜けるようになるとパフォーマンスが格段に上がります。ヨガの行がブッダを通して禅にも流れています。

即答する瞬間的な知性をよしとする

物事を複雑に考えすぎて頭がもやっとしたり、悩みで頭をいっぱいにして気分を落ち込ませる人が少なくありません。あれこれ考えるなと説く禅の問答では、問われていることに答えよ、それも理屈で考えずに瞬時に判断してとりあえず何か言えというふうに「瞬間的な知性」が求められます。中国・唐代の禅僧で臨済宗《りんざいしゅう》の開祖である臨済は問答で「作麼生《そもさん》」（さあどうだ、これいかに）と迫り、弟子が切羽つまって「えーと、えーと」ともたつくと、大声で一喝しました。

そもそも禅問答では、論理的に考えても答えが出ないような問いを出します。二一〇頁でとりあげた「隻手音声《せきしゅおんじょう》」はその典型です。隻手（片手）で打ったらどんな音がするかと問われて、答えようがない。そんなときに、論理的ではないけれども、その場でぱっと思いついたことを答えるならまだいいのですが、「えーと、えーと」ともたつくことを禅は嫌います。

しかし禅が一番嫌うのは、抽象的に答えようとしたり、論理的に考えてわかったつもりになることです。瞬時に体と頭が鋭敏に反応して即座に答える。それができないと大声で喝を入れられ、棒で打たれました。

中国・唐代の禅僧である百丈《ひゃくじょう》は師の馬祖《ばそ》禅師に一喝されて「**私は三日間何も聞こえなかった、それほどすさまじい一喝であった**」と言っています。同じく中国・唐代の禅僧である徳山《とくざん》は修行者たちに「**道《い》い（言い）得るもまた三十棒、道い得ざるもまた三十棒、すみやかに道え、すみやかに道え**」と迫り、つべこべ言ったり、もたついたりすると、容赦なく棒を見舞ったといいます。

『荘子《そうじ》』に庖丁《ほうてい》という料理の名人の話が載っています。彼の刀は十九年使っても刃こぼれがしなかったといいます。肉の筋《すじ》に沿ってすすーっと求められるがままに切るので、まったく力が入らず、刃こぼれがしなかったからだそうです。頭で考えずに、瞬間瞬間に求められるがままに手を動かしているゆえのことです。すぐれたアスリートは動きがきれいです。動いている姿自体が美しいのは、無心に動いているがゆえです。そこには何の躊躇《ちゅうちょ》もありません。これも禅の境地に通じるものがあります。

「悟り世代」は悟っているか

昨今、若い人たちを「悟り世代」と呼んでいます。彼らの世代にあまり欲がないのは確かですが、かといって気力が充実しているとは言えません。ですから、彼らをして「悟っている」というふうに評するのはちょっと違うと思います。悟りの概念自体を取り違えていると言えます。たとえば臨済などを見ると、心が落ち着いていながら気力が充実している。それをもって悟りと言うべきです。

心身の気力が充実し、つねに鋭敏な状態で一生を生き切れと禅では説きます。気力が充実し、「生身の元気（命）」が鋭敏に働いている状態こそすばらしいのであって、よどんでいたり無気力だったり、あるいは傲慢《ごうまん》ゆえに気を抜いたりすることを禅は嫌います。

適度な緊張感を保ち、何にでも対応できる気力の充実をいつも試されることになれば、日常のことも気を抜かずにしっかりやりつづけることになります。箸の上げ下げや掃除にいたるまで気持ちを一《いつ》にして専念する。その状態をつづけること、それが命というものを十全に生きることになります。

宇宙は百三十七億年前にビッグバンによって生まれたと言われますが、百三十七億年かけてようやく生物が誕生し、そのなかに人間という「意識のある存在」が登場した。これは大変な進化なわけですが、しかし、人間は意識があるがゆえに雑念を持つようになった。

ニーチェは『ツァラトゥストラ』に「人間はおのれの奉ずる善と悪との一切を、おのれ自身に与えたのである。それを他者から受け取ったのではなく、どこからか拾ってきたのでもない。天の声としてそれがかれらに降ってきたのでもない。もろもろの価値の根源は人間である。おのれを維持するために、それらの価値を諸事物に賦与したのである。——人間が元で、それが諸事物に、意義を、人間的意義を創り与えたのだ。それゆえ、かれはみずからを『人間』、すなわち『評価する者』と呼ぶのである」（手塚富雄訳）と書いています。

宇宙が百三十七億年かけてつくりだした私たち人間は善《よし》も悪《あし》も自分で自分に与えた。「評価する者」である人間は、それゆえに妄想で頭をいっぱいにしたり、不安でいっぱいにしたりした。しかし、それが人間なのだからしょうがないと言って命を台なしにしたのでは、あまりにもったいないことです。

本来、人は「生身の元気（命）」を働かせれば生き生きとした存在であり、そうあることができたなら、じつにすばらしいことです。それは宇宙の奇跡とも言えるものです。その宇宙の奇跡を十全に味わって喜ぼうではないかというのが本来の悟りです。にもかかわらず、頭でっかちで命を台なしにしてしまっている。この状態から抜け出さなければいけないと、経文を読むことに没頭し、坐禅などの修行に邁進《まいしん》していくにつれ、禅の道に入った者ですら頭でっかちになってしまい、悟りから遠のいてしまうという矛盾が起きるのです。

生命を感じる、毎日が禅

知識にふりまわされたり理屈にとらわれないで悟りの原点にもどろうと唱えたのが禅なわけですが、気力が充実し、「生身の元気」が鋭敏に働くことは、生きているって本当にすばらしい、生きているって本当に愉しいという「歓喜《かんぎ》」につながります。

忙しすぎる現代ですが、ときどきふっと坐ってみる、立ち止まって空や川の流れを見つめてみる。すると、ふと悠久の時というものにふれる思いがする。日常の些末《さまつ》なことから逃れて、ゆったりとした時の中で自分を見つめ直す機会になります。

わずらわしい日常から離れて自分を見つめ直し、世界と溶け合うような瞬間を持つということでは「坐る」ことに意味がありますが、形だけ「坐る」のでは意味がありません。

坐禅だけではなく、「歩行禅」というのもありだと思います。二十分、三十分と歩いていくうちに疲れを感じなくなり、雑念も消え、歩くことと自分とが一体になって「自分」が消え、歩くという行為だけがあるような状態に入る。「スイミング禅」もありだと思います。水の中に潜っていると静かな心持ちになる。水と自分が一体化した感じになり、雑念が消える。ただ水の中を静かに泳いでいるだけの心境になる。それは禅の境地に入っていることになります。何かに没頭していると、自分がやっていることを思わず知らず忘れてしまうという経験は誰にでもあると思います。ですから、いろいろな行為に「禅」という言葉をつけて実践すれば、それぞれが禅になっていきます。

満員電車で悟れるかと問われれば、答えは「イエス」です。静かなところで静かな心持ちになるのはそうむずかしいことではありませんが、みんながいらいらするような満員電車で、ふっと自分のところにだけ涼しい風が吹いているような瞬間を感じて自分の内面を調え、心身一体の感じになると、他から影響されないで、自分一人だけが山の頂上に坐っているような気分になる。そうした境地に達することができたなら「電車禅」「通勤禅」になります。

道元は「**春は華《はな》に入《い》り、人は春に逢う。月は月を照らし、人はおのれに逢う**」と詠んだ。「春は華に入り」は、いわば春のエッセンスが花の中に入り、人がその花を見て、そこに春のエッセンスを感じる。夏の夜にホタルの光に夏のエッセンスが入り、そこに夏を感じるというふうに、さまざまな自然の出来事を通してエッセンスを感じる。春が来たというだけよりも、春が花の中に入って、人は花を通して春に出会っていると思うと、花を見るときの心持ちがちょっと変わるような気がします。

「月は月を照らし」というのは面白い表現ですが、太陽によってではなく、まるで月自身が光り輝いているように思えたときを言っているのだと思います。花を見て心を奪われたとき、月が輝くのを見て美しいと思ったとき、思わず知らず自分を忘れる。そのとき本来の自分が浮かびあがって「おのれに逢う」ことができると道元は言いたかったのだと思います。

鈴木大拙は「自然の懐《ふところ》に帰って、直接その鼓動を感じようと欲するのである。一切の人工による形式を破り、その背後によこたわるものを確実に把握しようという禅の心的習慣は、日本人が土を忘れず、いつも自然と親しみ、飾りけのない単純性を味わうことを助けてきた。禅は生活の表面に存する複雑さを好まぬ」（『禅と日本文化』北川桃雄訳）と言っています。

本文でふれますが、無心でガーデニングに没頭するというのも禅の境地と言えます。「ガーデニング禅」になります。

ですから、坐禅を組まなければ悟りが得られないというふうに、かたくなに考えないほうがいいと思います。禅＝坐るということに特化しないで、あらゆる瞬間に禅の悟りの境地は体験できるというふうに柔軟に考える。そのように考えるのが、本来の禅なのではないかと思います。

日本における曹洞宗《そうとうしゅう》の開祖・道元《どうげん》が宋代の中国に渡ったとき、徳の高そうな老僧が食事の準備に怠りないのを見て、「坐禅や仏法よりも、食事の準備などを優先させて、何かいいことがあるのですか」と尋ねると、その老僧は大笑いして、「日本の若い人よ、あなたは修行とは何であるかが、まったくわかっていない」と言い残して帰ってしまったといいます。

道元は、食事の用意などは修行の妨げになる面倒な雑事だと思っていたが、食事の準備を黙々とする僧、畑で一鍬一鍬に汗をしたたらす僧の姿を目にして、仏法に対する認識を根底からくつがえされました。日常のことを丁寧におこない、その行為を味わいながら生活していくことも坐禅と同じく悟りに至る道だということに道元は気づいたのです。

「悟りの棒グラフ」を描いてみる

禅とは、ご飯を食べ、食器を洗い、仕事をし、家事をし、寝るという、ごく当たり前のことを無心にやることだと言われても、それが落ち着いてできない人も少なくありません。仕事にしても、ブレークスルー的なことが日々あるわけではなく、ルーチンの仕事の積み重ねが大部分を占めています。そのように単純な積み重ねをしているとき、人から間違いや失敗を指摘されると、なんでこんなつまらないことで文句を言われなくてはならないのかと、その日一日が暗くなってしまい、せっかくの一日が失われてしまいます。人生は一日一日の積み重ねですから、それは人生を一日失ったことになります。

そうならないためにも、心を整理して仕事に向かい、一日一日を清算して、また次の日に新たな気持ちで向き合う。昨日こういうことを言われたから今日は会社に行くのが嫌だなと思うのと、昨日は昨日で処理したのだから、今日はまた新たな気持ちで臨もうと思うことができるのとでは、雲泥の差があります。それは悟りのあるなしと言い換えてもいいほどです。

毎日のちょっとしたこと、どうでもいいことが気になってくよくよしているのは、人生というスパンで考えると大きな損失です。そんなときには、自分の人生にとってそんなことはささいなことにすぎないと認識し、それを整理する心を練習していくことで、小さなことにくよくよしなくなる。これだけでも悟りはずいぶん進んだことになります。今日は結構悟れていたなとか、今日はちょっと悟りから後退したなというふうに、「悟りの棒グラフ」を心の中で描いてみるといいかもしれません。

自分に出会うことが禅である

嫌なことがあったとき、動揺したりプレッシャーがかかったとき、ストレスがかかったとき、そんなときにこそ、悟りの境地が試されているのだというふうに考えると、今のストレス社会にあって禅はじつに現代的な要請だと思います。

宗教は神など超越的な存在を前提としますが、禅の場合は、私たち自身に仏性があって、それに気づくだけでいい。しかも、その方法というのが、日常生活を丁寧にきちんとやることで命を十全に生かして気力を充実させて生き、不安や後悔なく今を生き切るということですから、人間を超越した存在、たとえば神を前提としていません。そうなると禅というのは究極的には宗教ではなくなってしまうと言えなくもありません。

臨済は、仏（ブッダ）に逢ったら仏を殺せと言った。尊師、祖師への尊敬の念や頼る心を斬り捨て、自分自身に立ち返れ。ブッダを捜しまわっているおまえこそが本当に逢うべき存在なのだから、そのことに気づけと言っています。自分の頭がないと騒いで町じゅうを探しまわったが、落ち着いてみれば自分の頭はちゃんとあったという逸話を本文でとりあげました（四五頁）。臨済はこの逸話を示して「**おまえたちには立派なひとりの本来の自己がある。この上、何を求めようとするのか、自らの上にとって返してみよ**」と説きました。

私たちは命の働きを持つすばらしい存在なのだから、「自分に出会って」それを十全に生かすことに集中しなさい――これほどシンプルかつ力のあるメッセージはありません。

第1部　中国篇

I

【達磨《ダルマ》の四聖句《しせいく》】みずからの心を見つめよ

（『禅』鈴木大拙）

一、教外別伝《きょうげべつでん》

〔釈尊《しゃくそん》の教えの真髄《しんずい》は、文字や言葉では伝えることができない。心から心へと、直接体験によってのみ伝えられる〕

一、不立文字《ふりゅうもんじ》

〔釈尊の悟りを文字で表現し尽くすことは不可能。実際に体験してみることが、どんな言葉や文字にもまさる〕

一、直指人心《じきしにんしん》

〔心にはもともと仏心《ぶっしん》が具わっている。あれこれ思いをめぐらせず、坐禅により自らの心を直接見つめることが大事である〕

一、見性成仏《けんしょうじょうぶつ》

〔私たちの心の奥にある仏心、つまり真の人間性に出会い、まみえてこそ、自分が本当の自分になる〕

仏教をはじめたのが釈迦《しゃか》（ゴータマ・ブッダ、釈尊）なら、禅をはじめたのが達磨だ。序文でもふれたように、禅あるいは禅宗は達磨を始祖として、仏教に革新をもたらした新たな一派と考えていい。

禅宗は釈迦が菩提樹《ぼだいじゅ》の下で悟ったその悟りをみずから直接体験することを唯一の目的としている。経典の言句《ごんく》によらずに、文字で伝えられた教えの外にあるブッダの心を自身の体験を通して悟ることで「**自分が本当の自分になる**」。こうした禅の思想を端的に表しているのが右頁の四つの句だ。

この四つの句は、そもそも釈迦の教えにもとづいている。多くの禅宗の伝書《でんしょ》に見られるこの四つの句は、達磨の没後に禅門各宗において「標語」として掲げられ、唐代（紀元六一八～九〇、七〇五～九〇七年）から宋代（九六〇～一二七九年）に「達磨の四聖句」として定められたと伝えられる。

達磨は南インドの大バラモン国王の第三王子として生まれた。南北朝時代の宋（四二〇～七九年）のときに中国にやって来たとされる禅の開祖だが、この四つの句はあたかも道しるべのように禅のその後の流れを導いてきた。

「ガリレオの指」というのがある。彼の右手の人差し指が、現在もフィレンツェの小さな博物館に残されており、それは科学の方向性を指し示していると言われている。達磨の四つの句も禅のその後の流れを指し示している。

2

【一華五葉《いちげごよう》】心の花を開く――達磨《ダルマ》

一《いち》華《げ》五《ご》葉《よう》を開《ひら》き、結《けっ》果《か》自《じ》然《ねん》に成《な》る。

(『景徳伝灯録《けいとくでんとうろく》』)

一つの花は五弁を開き、やがて自然に実をつける(生まれたときから持っている仏の心、仏心に気がつけば五つの智恵が働きだし、悟りは自然に成就《じょうじゅ》する)。

この言葉はインドより中国に禅を伝えた達磨が慧可《えか》（のちに達磨の跡を継いで二代目の祖〈二祖《にそ》〉となる）に自分の教えを伝えるに際して詠《よ》んで与えたものとされる。この言葉の前には「**吾《われ》れ本《もと》、茲《こ》の土《ど》に来たり、法を伝えて迷情《めいじょう》を救う**」（私はインドよりこの中国の地にやって来た。それは法を伝えて迷える心を救うためだ）とある。

「**一華五葉を開き、結果自然《じねん》に成る**」とは、一つの花が五枚のみごとな花弁を開いて、やがて立派な実を結ぶように、私たちそれぞれに具わっている心の花を尋ね求めれば、五つの知恵が開いて働き、仏果はおのずと結実するという意味。一つのものが花開いて成長発展を遂げていくという、開運吉祥《きちじょう》の語、家族や子孫の幸せを祝う語として昔から多くの禅僧や禅者が書にしたためてきた言葉でもある。

一つの花（一華）とは、生まれたときから自身の深いところに咲いている花（仏の心）であり、心の中にそれを尋ねていくならば、仏の尊い五つの知恵（五葉）が働き、人生を豊かにしてくれる。五つの智恵とは「すべてのものをそのまま映しとる智恵、すべてを分けへだてなく平等にとらえる智恵、あらゆるものをよく観察する智恵、人のためにできるおこないの智恵、この世で起こることはすべて必要なことだと受けとめる智恵」のこと。

人はえてして、まだ現れてもいない結果を気にして心を乱す。人は誰しも「いい結果」が得られるようにと願うあまりに足元がおろそかになる。しかし、結果（結実）がどうなるかは人の思惑やはからいを離れている。だから、季節がめぐれば自然に果実が熟するように、結果に心をわずらわされずに、智恵の花びらを開くことに意を尽くせば平穏な心を得ることができると達磨は説いた。

3 【安心《あんじん》】その〝心〟を持ってこい――達磨

（達磨が面壁《めんぺき》しているところへ神光《しんこう》が訪ねてきた）

神光「弟子《でし》、心《こころ》未《いま》だ安《やす》からず。乞《こ》う、師《し》、安心《あんじん》せしめよ」

達磨「**心《しん》を将《も》ち来《きた》れ、汝《なんじ》が為《ため》に安《やす》んぜん**」

神光「心《しん》を覓《もと》むるに、了《つい》に不可得《ふかとく》なり」

達磨「汝《なんじ》が為《ため》に安《あん》心《じん》し竟《おわ》んぬ」

（『無門関《むもんかん》』）

（神光＝四八七～五九三。中国・隋代の禅僧）

神光が言った。「私の心は不安であります。どうかこの心を安らかにしてください」
達磨は答えた。「では、**その心をここへ持ってくるがよい。おまえのために安んじてやろう**」
神光はさらに問うた。「心を捜し求めましたが、どうしてもつかむことができません」
達磨は答えた。「それでよいのだ。おまえのためにもう安心させてしまったぞ」

達磨大師の少林寺での「面壁九年《めんぺき》」の最中に訪ねてきた神光との問答が右頁のもの。「私の心を安らかにしてください」と言う神光に、「その〝心〟を持ってくるがよい」と答えた達磨。「達磨の安心《あんじん》」として知られる公案《こうあん》（修行者が悟りを開くために課題として与えられる問題）だ。

私たちは心を持っていると思うから悩みもするが、いざ心をつかもうとすると実体がないからつかめない。禅では心は私たちがつくりあげているものだと考える。悩みや恐れは私たちの心にあるもので、対象や事実そのものにあるわけではない。それなのに「幽霊の正体見たり枯れ尾花《おばな》」で、枯れ尾花を見て、ほかの生物は恐れないが、私たちはそれを幽霊だと思って恐れる。心が恐れや悩みを増幅させてしまう。そこで禅では「心を落としなさい」、「無心（〝心〟をなくした境地）になりなさい」と説く。

それにしても「心を持ってこい」とは面白い表現だ。こうしたひねりをきかせるところがいかにも禅らしい。「形がないものに悩みがあるはずもない。それがわかれば安心したはずだ」と言われて悟った神光は、やがて達磨から「慧可《えか》」という名を与えられ、禅宗第二代の祖（二祖）となった。

4

【無功徳《むくどく》】見返りを求めればいっぺんに色あせる——達磨

（『景徳伝灯録』）

武帝《ぶてい》「朕《ちん》、即位《そくい》して已来《いらい》、寺《てら》を造《つく》り、経《きょう》を写《うつ》し、僧《そう》を度《ど》すること、勝《あ》げて紀《しる》すべからず。何《なん》の功徳《くどく》か有《あ》る」

達磨「並《な》びに功徳《くどく》無《な》し」

「私（武帝＝中国・南北朝時代の梁《りょう》の皇帝）は即位以来、寺を建てたり、経を写したり、僧を保護育成するなど、つねに厚く仏法を念じているが、いったいどのような功徳があるのか」

達磨大師は答えた。「**功徳など、いささかもない**」

武帝と達磨大師のやりとりだ。達磨大師は釈迦から数えて二十八代目の法孫《ほうそん》。海路インドから中国に渡り禅法を伝えた聖者であり、嵩山《すうざん》の少林寺に入り、面壁して坐禅すること九年に及んだ。一方、武帝は人々から仏心天子《ぶっしんてんし》と呼ばれるほど仏教への造詣《ぞうけい》が深く、寺を建て僧を育て、仏法の興隆に寄与した。その武帝が、インドから大変偉い聖者が来たと知って、ただちに達磨を南京《なんきん》の宮中に招いた。

功徳を期待した武帝に対して達磨は「功徳など、いささかもない」と答えた。武帝が「では、真の功徳とは何か」と尋ねると、「**大空のようにからりとしていて、迷いもなければ悟りもない。最高も糞《くそ》もあるものか**」と言い切った。

禅では「自分はこういう境地に達しよう」という分別《ふんべつ》を払い、「自分が自分が」という執着を断つことを目指す。「追求すべき目的」も「目的を追求しようとする自分」も消えたところに禅の境地があるわけで、特別なご利益《りやく》などない。だから、何かを期待したり頼るようなことがあってはならない。その後の仏教が寺を造ってご利益を求めたことを思うと、達磨は宗教改革者だったとも言える。

武帝がやりとりの最後に「われに対しているおまえは何者だ」と問いつめると、達磨は「知らんよ」と言って去って行ったという。

5 【心念《しんねん》】心はたちまち乱れるのだ——慧能《えのう》

（『六祖壇経《ろくそだんぎょう》』）

善知識《ぜんちしき》よ、何《なに》をか坐禅《ざぜん》と名《な》づく。此《こ》の法門《ほうもん》の中《うち》には障《しょう》無《な》く碍《げ》無《な》し。外《そと》一切《いっさい》善悪《ぜんあく》の境界《きょうがい》に於《お》いて、心念《しんねん》起《お》こらざるを、名《な》づけて坐《ざ》と為《な》す。内《うち》自性《じしょう》を見《み》て動《どう》ぜざるを、名《な》づけて禅《ぜん》と為《な》す。

（慧能＝六三八〜七一三。中国・唐代の禅僧）

諸君、どういうものを坐禅と言うのか。わが宗門では、何のさわりもさまたげもないことである。**外部のあらゆる善悪の対象に対して、心の思いが起こらないのを坐と言い、内面的には自己の真性を見届けて、心が不動であるのを禅と言うのである。**

達磨大師から数えて六代目の祖（六祖《ろくそ》）慧能が説いた坐禅の定義だ。右頁の言葉につづけて以下のように説いている。「**諸君、どういうものを禅定《ぜんじょう》**（心を統一して三昧《ざんまい》に入り寂静《じゃくじょう》になること）**と言うのか。外界として見られる一切のかたちにとらわれないことが禅であり、内面的には心が乱れないのが定である。もし外界でかたちにとらわれると、内面の心はたちまち乱れる。外界でかたちにとらわれないならば、心はそのまま乱れない。人の本性は、それみずから清らかで、それみずから安定したものである。ただ対象を見、対象を思うがために、たちまち乱れるのである**」。坐禅が目指すのは精神修養や鍛錬ではなく「今ここに自分がいる」ことを自覚することだ。在家の智者として悟りの知恵を広めたプンジャジ（一九一〇～九七）は、「形にもその根底にある空《くう》にも執着してはならない。外界に巻きこまれるということは、形ある物事に囚《とら》われることだ。それと同時に、空という概念にも執着しないように注意しなさい。そのどちらも受け入れず、どちらも退けずにいなさい。物事と一つになって、ただ静かにしていなさい。そうすれば誤った見解はひとりでに消え去る。もしこのように生きるなら、すべてはそれ自体で治まるだろう」（『覚醒の炎　プンジャジの教え』福間巖訳）と説いた。

6

【本来無一物《ほんらいむいちもつ》】もともと何もないのだと知りなさい――慧能

（『六祖壇経』）

菩提《ぼだい》は本《もと》より樹無《じゅな》し、明鏡《めいきょう》も亦《ま》た台《だい》に非《あら》ず。

本来無一物《ほんらいむいちもつ》、何《いず》れの処《ところ》にか塵埃《じんあい》有《あ》らん。

菩提という樹も、明鏡という心もない（悟りもなければ煩悩もない）。**本来からりとして何もないのだ**（本来無一物）。塵やほこりが寄りつきようがないから、塵やほこりを払う必要があろうか。

妄想や雑念でいっぱいになって、心に塵が積み重なり、固まってしまって身動きがとれなくなる。この「心のゴミ屋敷」状態は、強力な心の磁石で妄想や雑念や不安や後悔を吸い寄せているようなものだ。しかし本来、人は無一物（執すべき一物もない「一切空《いっさいくう》」「絶対無」）の存在なのだから、磁石を捨てて本来の自分に立ち返りなさい。そうすれば、妄想や雑念などつくはずもないと慧能は説いた。

右頁の言葉の背景には、以下の出来事がある。神秀《じんしゅう》は達磨大師から数えて五代目の祖（五祖《ごそ》）弘忍《ぐにん》の高弟で、五祖が法を伝授するのは七百人いるとされた弟子のなかで神秀と目されていた。ところが、弘忍は思いがけず神秀の弟弟子・慧能《えのう》に伝授した。字の読み書きができず、お経を聴いたことがなく、禅堂にも行ったことがない慧能。彼の仕事は米つき場で厨房《ちゅうぼう》のために奉仕すること。知識から言えば、神秀は慧能を超えていた。

神秀は「身は悟りを宿す樹のようなもの、心はもと清浄で美しい鏡のようなものだから、つねに汚れないように払ったり拭《ふ》いたりして煩悩の塵やほこりをつけてはならない」とした。これに対して慧能は「悟りもなければ煩悩もなく、本来無一物。塵やほこりがつきようがないから、払ったり拭いたりする必要はない」とした。神秀は心を「鏡」にたとえてつねに磨く必要があるとしたが、慧能は、「もともと何も無い」のだから、ほこりを払ったり磨いたりするまでもないとした。

知識にすぐれた神秀だが、悟りの知恵では慧能に及ばなかった。祖師が衣鉢《いはつ》を伝えたのは慧能だった。

7

【一行三昧《いちぎょうざんまい》】いつでもまっすぐな心で臨みなさい——慧能

（『六祖壇経』）

一《いち》行《ぎょう》三《ざん》昧《まい》とは、一《いっ》切《さい》処《しょ》に於《お》て、行《ぎょう》住《じゅう》坐《ざ》臥《が》、常《つね》に一《いち》直《じき》心《しん》を行《ぎょう》ずる、是《こ》れなり。

一行三昧というのは、どんなところででも、歩いていても立っていても、坐っていても寝ていても、**いつでもまじり気のないまっすぐな心で臨むということである。**

禅では目の前にあることに集中して、きちんとこなすことが求められ、それが役に立つかとか意味があるかを問うてはならないとする。「**一直心を行ずる**」とは、何をするときでもまっすぐな心で臨むこと。「**行住坐臥**」とは、日常の立ち居振る舞いのこと。仕事でも勉強でも食事でも、いつでもまっすぐな心、分別や執着のない心で臨み、「何のため」などと考えずに一つことに徹すること、それが「**一行三昧**」ということだと慧能は説いている。パソコンをずっと打ちつづければ疲れたなと思うが、あれこれ考えずに仕事そのものに入って無心になると急に疲れを感じなくなり、「パソコン三昧」になる。禅の心は「一行三昧」にはじまり「一行三昧」に終わる。日常の立ち居振る舞いにおいて一行三昧になれるなら、坐るだけが禅の修行ではないことになる。自分だけの「一行三昧」への入り口を探しておくといい。

私は小学生と一緒に「音読三昧」をしている。一冊の本を音読で読破する。夏目漱石の『坊っちゃん』だと六時間ぐらいかかる。最初の一時間ぐらいまでは不平の声が上がるが、三時間ぐらいたつと、不平を言う子どもはいなくなって、何も指示しなくても子どもたちだけでテンポよく音読しつづけ、完走できる。それは『坊っちゃん』の世界に吸い込まれたような状態で、そうなると疲れを感じなくなり「音読三昧」「漱石三昧」になる。音読というのは「三昧」に入りやすい。

三昧というと、あたかも自動機械のように無意識にやっていると思いがちだが、「三昧」になっているときには、それを冷静に見つめている「自分」がいる。もう一人の自分が、自分に起きていることをしっかり見ている。「もう一人の自分」を持つことは瞑想《めいそう》状態にあると言ってもいい。

8 【人惑《にんわく》】君こそが宝なのだ——臨済《りんざい》

山僧《さんそう》が人《ひと》に指示《しじ》する処《ところ》の如《ごと》きは、祇《た》だ你《なんじ》が人惑《にんわく》を受《う》けざらんことを要《よう》す。用《もち》いんと要《よう》せば便《すなわ》ち用《もち》いよ、更《さら》に遅疑《ちぎ》すること莫《なか》れ。（中略）病《やまい》は不自信《ふじしん》の処《ところ》に在《あ》り。你若《なんじも》し自信不及《じしんふぎゅう》ならば、即便《すなわ》ち忙忙地《ぼうぼうじ》に一切《いっさい》の境《きょう》に徇《したが》って転《てん》じ、他《か》の万境《ばんきょう》に回換《えかん》せられて、自由《じゆう》を得《え》ず。你若《なんじも》し能《よ》く念念馳求《ねんねんちぐ》の心《こころ》を歇得《けっとく》せば、便《すなわ》ち祖仏《そぶつ》と別《べつ》ならず。**你《なんじ》は祖仏《そぶつ》を識《し》らんと欲得《ほっ》するや。祇《た》だ你面前聴法底是《なんじめんぜんちょうぼうていこ》れなり。**

（『臨済録《りんざいろく》』）

（臨済＝？〜八六七。中国・唐代の僧。臨済宗の開祖）

わしがおまえたちに心得てもらいたいことは、他人の言葉や外境に惑わされるなということだけだ。自力でやろうと思ったらすぐやることだ。けっしてためらうな。（中略）病因は自らを信じきれない点にある。自らを信じきれないから、あたふたとあらゆる現象についてまわり、すべての外的条件に翻弄《ほんろう》されて自由になれない。もしおまえたちが外に向かって求める心を断ち切ることができたなら、そのまま祖師であり仏である。**おまえたち、その祖仏を知りたいと思うか。今わしの面前でこの説法を聴いているおまえこそがそうだ。**

仏に会いたいか、ブッダに会いたいかと問われて、ふつうの僧であれば「会いたいです」と答えるだろう。しかし臨済は、仏は外に探すものではなく、今、この説法を聴いているおまえたちこそがブッダなのだから、今ここでこうしている自分自身に目を向けよと説いた。臨済は言っている。「**間違ってはいけない。おまえたちには立派なひとりの本来の自己がある。この上、何を求めようとするのか、自らの上にとって返してみよ。古人は『演若達多《えんにゃだった》という者が自分の頭がないと騒いで町を探しまわったが、落ちついてみれば自分の頭はちゃんとあったのだ』と言っている。おまえたちが大安心の生活に入りたいと思うなら、ああこうとはからいをしてはならない**」。臨済の教えは「**即今《そっこん》・面前《めんぜん》・聴法底《ちょうぼうてい》**」に集約されると言われる。尊い教えを探して遠くを見るのではなく、今ここで、今こうしている（私の話を聴いている）自分自身に目を向けて、おまえ（自分自身）を知ることだ。おまえは「**どこかに居着くこともなく、活発に躍動しているではないか**」と、今の働きに欠けているものはないから、何も補う必要はないと説いた。

9 【無位真人《むいしんにん》】「生身の自分」を見よ！ 見よ！——臨済（『臨済録』）

「赤肉団上《しゃくにくだんじょう》に一《いち》無位《むい》の真人《しんにん》有《あ》って、常《つね》に汝等諸人《なんじらしょにん》の面門《めんもん》より出入《しゅつにゅう》す。未《いま》だ証拠《しょうこ》せざる者《もの》は看《み》よ看《み》よ」

時《とき》に僧《そう》あり、出《い》でて問《と》う、「如何《いか》なるか是《こ》れ無位《むい》の真人《しんにん》」。師《し》、禅牀《ぜんじょう》を下《さが》って把住《はじゅう》して云《いわ》く、「道《い》え道《い》え」。其《そ》の僧擬議《そうぎぎ》す。師托開《したっかい》して、「無位《むい》の真人是《しんにんこ》れ什麼《なん》の乾屎橛《かんしけつ》ぞ」と云《い》って便《すなわ》ち方丈《ほうじょう》に帰《かえ》る。

臨済は言った。「**この生身の肉体には時間・空間を超越した真実の人間性が存在し、おまえたちの全身**（感覚器官）**からつねに出入りしている。まだ出会っていないのなら、さあ早く見よ！　見よ！**」

そのとき一人の僧が進み出て質問した。「その無位の真人とはいったい何者ですか」

臨済は席を下りて僧の胸倉《むなぐら》をつかまえ、「（無位の真人と非無位の真人の違いを）さあ言え！　言え！」と迫った。その僧はもたついて答えることができなかった。臨済は僧を突き放して、「おまえさんの無位の真人は働きのないカチカチに乾いた（棒状の）糞同然ではないか」と言って方丈（居間）に帰った。

臨済は、おまえたちは本来立派なものを持っているけれども、自分を正しく見ることができていない。いや見ようとしない。それでは乾いた糞同然だと罵倒《ばとう》する。「**生身の肉体の上にこそ、なんら世間的な位格を持たない真実の人間がいる**」、これこそを「**無位の真人**」と言う。臨済はこうも言っている。「**今日の集まりは仏法の根本を明らかにするためだ。ほかに質問のある者はいないか。おればさっさと出てきて質問してもよいが、おまえたちが口を開けばとたんに、仏法の根本とは無縁になる。**（中略）**釈尊も『仏法は文字を離れている。因《いん》にも属せず縁《えん》にも依存しない』と言われているではないか。おまえたち自身の信念不足のために、このような無用な議論に落ちこむのだ**」。そして「一喝《いっかつ》」して、「**信念の欠けた者はいつまでたってもラチがあかない。立ち通しでご苦労であった**」と言い放った。あえて非合理性を押しつけ、大声（喝）でもたついた思考を止めるというのは、今の教育にはない方法で、面白い。臨済は相手を一瞬にして罵倒し、目覚めさせ、はっとさせて気づかせる達人だ。

10

【無事是貴人《ぶじこれきにん》】あるがままであればよいのだ——臨済

求《ぐ》心《しん》歇《や》む処《ところ》即《すなわ》ち無事《ぶじ》。（中略）

無《ぶ》事《じ》是《こ》れ貴《き》人《にん》、但《た》だ造作《ぞうさ》すること莫《なか》れ、祇《た》だ是《こ》れ平常《びょうじょう》なれ。

你《なんじ》、外《そと》に向《むか》って傍家《ぼうけ》に求過《ぐか》して脚手《きゃくしゅ》を覓《もと》めんと擬《ほっ》す。錯《あやま》り了《おわ》れり。祇《た》だ仏《ほとけ》を求《もと》めんと擬《ほっ》するも、仏《ほとけ》は是《こ》れ名句《みょうく》なり。

（『臨済録』）

求める心がやむときが、本当に安らかに生きるということだ。（中略）**自己が本来の自己であることが最も貴いのだ。**だから絶対にはからいをしてはならない。ただあるがままであればよい。おまえたちはとかく外に向かって何ものかを求めて手がかりにしようとするが、大間違いだ。おまえたちは仏を求めようとするが、仏とはただの名前である。

馬主でもあった作家の菊池寛は競馬関係者から書を求められ、『臨済録』にある「無事是れ貴人」に想を得て「無事これ名馬」と色紙《しきし》に揮毫《きごう》したという。足の速さや馬力のあるなしではなく、とにかくケガをしないことが名馬という意味だ。臨済は「求める心がやむときが、本当に安らかに生きるということだ」と説いた。求める心があると、とかくトラブルが起きて心が乱れる。だから求心《ぐしん》をやめて、日常を淡々と過ごせば、わずらわしいことが起きない。トラブルに強い心をつくるというよりも、トラブルのもと自体を減らして無事に過ごしていくという態度だ。

私たちの心の奥底には、生まれながらにして仏と寸分たがわぬ純粋な人間性、仏になる資質とも言うべき仏性《ぶっしょう》がある。それを発見し、自分のものとすることが禅の修行であり、悟りを得るということ。だから「**あれこれとりつくろおうとせずに、本来の自己に立つのが達人というのだ。いろいろ手数をかけるな。ひたすら、ありのままに臨め**」。いかなる境界《きょうがい》に置かれようとも、本来の自分を見失わずにありのままに臨んで、すべてに造作《ぞうさ》なく対処できる人、これこそ「**無事是れ貴人**」と言うべき人だ。

11 【無得無失《むとくむしつ》】得ることも失うこともない——臨済

山僧《さんそう》が見処《けんじょ》に約《やく》せば、無仏無衆生《むぶつむしゅじょう》、無古無今《むこむこん》、得《え》る者《もの》は便《すなわ》ち得《え》、時節《じせつ》を歴《へ》ず。無修無証《むしゅむしょう》、**無得無失《むとくむしつ》**、一切時中《いっさいじちゅう》、更《さら》に別法無《べっぽうな》し。設《たと》い一法《いっぽう》の此《これ》に過《す》ぎたる者有《ものあ》るも、我《わ》れは説《と》かん如夢如化《にょむにょけ》と。

（『臨済録』）

わしの見地で言えば、仏も衆生もなく、過去も現在もない。得たものはもとからあるものであり、長い修行の時間を経て得たのではない。修行すべきものも悟るべきものもない。**得たということも失うということもない**。いかなるときにおいても、自己一枚だ。これ以外の法はない。たとえ、これより優れた法があるとしても、わしはそんなものは夢か幻のようなものだと断言する。

臨済は、仏性はもともと自己に具わっているのだから、修行によって得たり失ったりするものではない。求めて新たに得るのではなく、本来自己に具わる仏性に気づくだけであるとした。ありのままでいればいいのなら、みんな即ブッダということになるが、「**一念の疑いが起これば、それが魔である**」と臨済が言っているように、「ああしよう、こうしよう」「自分が自分が」と自分中心の思いに翻弄されてしまう。それがためにありのままに生きることができず、柔軟に対処できないとなると、生き生きと働くということがない。

スーパーマーケットのレジ打ちでもたもたしているとお客にストレスを与える。反対にてきぱきとさばく人だと、なんと気がきくのだろうと思う。生き生きと働いているときは無心になっている。無心とは何もしないことではなく、目の前のことに集中して「一行三昧」になることだ。

そもそもブッダは頭は非常に明晰《めいせき》に働いていたわけで、ぼーっとしている凡庸《ぼんよう》な人間ではなかった。臨済の「一喝」は生きて働く機能をとりもどすきっかけを与えてくれる。

12

【随処作主《ずいしょさくしゅ》】どこでも主人公であれ――臨済

大器《たいき》の者《もの》の如《ごと》きは、直《ただち》に人惑《にんわく》を受《う》けざらんことを要《ほっ》す。

随処《ずいしょ》に主《しゅ》と作《な》れば、立処《りっしょ》皆《み》な真《しん》なり。

(『臨済録』)

大器の人であれば、なによりも自己の尊さを信じて、他に惑わされないことが大事だ。**どこでも自ら主人公となることができれば、その場その場がみな真実だ。**

「**随処《ずいしょ》に主《しゅ》と作《な》れ**」は、「おれがおれが」と威張ることでもなければ、自分勝手をしていいということでもない。どこでも主体性を失うな、主人公であれ。そうすればその人の行動に間違いはないということを説いている言葉だ。

しかし、その場その場で、人に惑わされずに自分自身が主人公になるのは、簡単なようでむずかしい。他人に影響されて主人公の座を明け渡したり、人目を気にして、たとえばＳＮＳで「いいね！」ボタンを押してもらわないと落ち着かなかったりする。

現代においてはとりわけ人の目を気にし、人の評価を気にする人が増えているので、臨済の「随処に主と作れ」という言葉を心に刻んでおけば、人に流されそうになったときに、自分以外に自分の主《あるじ》はいないのだと思いおこすことができる。釈迦は「**自己こそ自分の主《あるじ》である。他人がどうして（自分の）主であろうか？　自己をよくととのえたならば、得難《がた》き主を得る**」（『ブッダの真理のことば・感興のことば』中村元訳）と、自分の心を調えることの大切さを説いている。

臨済といえば「喝」（大声を出すこと）で知られるが、弟子たちが喝ばかりを倣《なら》って、まねごとにすぎなくなり、制度化してしまった。まさに「**立処《りっしょ》皆《み》な真《しん》なり**」（その場その場が真実）」ではなくなってしまった。喝は決められた手順にのっとってやるものではなく、瞬時瞬時にやるものだ。私はスポーツの試合を見ながら、選手に向かって勝手に一喝した瞬間に、自分自身も目覚めるということを体験している。

13 【一喝《いっかつ》】もたもたするな――臨済

「有《あ》る時《とき》の一喝《いっかつ》は、金剛王宝剣《こんごうおうほうけん》の如《ごと》く、
有《あ》る時《とき》の一喝《いっかつ》は、地《ち》に踞《うずく》まる金毛《きんもう》の獅子《しし》の如《ごと》く、
有《あ》る時《とき》の一喝《いっかつ》は、探竿影草《たんかんようぞう》の如《ごと》く、
有《あ》る時《とき》の一喝《いっかつ》は、一喝《いっかつ》の用《ゆう》を作《な》さず。
汝作麼生《なんじそもさん》か会《え》す」
僧擬議《そうぎぎ》す。師《し》便《すなわ》ち喝《かっ》す。

（『臨済録』）

「あるときの一喝は金剛王宝剣のような凄味があり、あるときは大地にうずくまって獲物をねらう獅子のような威力があり、あるときはおとりに使う探《さぐ》りの枝か草のような働き（修行者の力量を探りだす働き）**を持ち、あるときは一喝の働きさえしない。**おまえにはそれがわかるか」。僧はもたついた。師はすかさず一喝した。

『臨済録』には「**師便《すなわ》ち喝《かっ》す**」場面があちこちに見られる。その一つひとつにいろいろな意味が込められているが、臨済はそれを四つに分けた。この「**四喝《しかつ》**」を使い分け、ではどう思うかと迫り、ふたたび弟子がもたつくと、また一喝する。臨済が先生として面白いのは「もたもたするな」ということを言いつづけたことだ。あえてふつうの思考では解決できない問いを出して、もたつくと、すかさず一喝する。するといったいどうしたらいいのだろうと頭が混乱し、思考が断ち切られる。そうなると、思考をいったん捨て去ったところで直観力が磨かれ、瞬時にひらめくようになる。

今の学校の勉強では理屈を重んじて一つの解答を求めさせるが、臨済のやり方は、無心になって全身に五感を張りめぐらせ、瞬時に対応させることで、答えのない問いに対してもたつかずに言えるかを重視する。そして躊躇するとすかさず大声でダメ出しする。このやり方に私は教育方法的に大変惹《ひ》かれる。

修行をしたからといって悟ったような気になるなと問答を通して突きつめられれば「どきっ」とする。躊躇すれば「もたもたするな」とやられる。ぼーっとするな、もたもたするなと問いつめ、どきっとさせるというのは現代の教育にも必要なことだ。

14 【殺仏殺祖《さつぶつせっそ》】頼む心を捨てよ――臨済

仏《ほとけ》に逢《お》うては仏《ほとけ》を殺《ころ》し、
祖《そ》に逢《お》うては祖《そ》を殺し、
羅漢《らかん》に逢《お》うては羅漢《らかん》を殺《ころ》し、
父母《ふぼ》に逢《お》うては父母《ふぼ》を殺《ころ》し、
親眷《しんけん》に逢《お》うては親眷《しんけん》を殺《ころ》して、
始《はじ》めて解脱《げだつ》を得《え》、物《もの》と拘《かかわ》らず、透脱自在《とうだつじざい》なり。

（『臨済録』）

仏に逢えば仏を殺し、祖師に逢えば祖師を殺し、羅漢（聖者）に逢えば羅漢を殺し、父母に逢えば父母を殺し、親族に逢えば親族を殺せ。そうしてはじめて自由となり、何ものにも束縛されず思いのままに突き抜けた生き方ができるのだ。

「仏に逢ったら仏を殺せ」と言う人はまずいない。「祖に逢えば祖を殺せ」（「祖」はブッダや達磨のような祖師のこと）、「羅漢に逢えば羅漢を殺せ」（「羅漢」は悟った人、聖者のこと）、「父母や親族に逢えば彼らを殺せ」も同じだ。いずれも人を殺すということではなく、出会った人への行きすぎた尊敬の念や頼る心を捨てて自分自身に立ち返れということを言っている。

ブッダは修行者たるものは「**犀《さい》の角《つの》の如くただ独り歩め**」と言っている。悟った人を拝み、自分は悟ろうとしないで、人まかせにする。そうした依頼心が生じることがないようにと、ブッダは遺言で、自分の骨にかかずらうなと言った（『ブッダ最後の旅』）。にもかかわらず、ブッダの遺骨（仏舎利《ぶっしゃり》）が崇拝の対象となり、釈迦の言説（経典）が信仰の対象になったりするなど、釈迦が最も忌避《きひ》した「執着」へと回帰し、ブッダ自身は自分を拝めとは言っていないのに、ブッダ信仰が生まれてしまった。ブッダが生きていたなら、「仏に逢うては仏を殺し」という言葉を聞いたとき、語調はちょっと強いが、まったく違和感を感じなかったろうし、「おまえたちは自分自身が宝物なのだから、その働きをまっとうするために、くだらん考えを落とせ」と説いた臨済の教えにわが意を得たりと思ったにちがいない。

15

【明珠在掌《めいじゅざいしょう》】自分の手の中を見てみよ――金剛経《こんごうきょう》（金剛般若波羅蜜経《こんごうはんにゃはらみつきょう》）（『碧巌録《へきがんろく》』）

明《めい》珠《じゅ》は掌《たなごころ》に在《あ》り。

真に大切なもの（明珠）はどこか遠くに探すものではない。自分の手の中にある。

「**明珠は掌に在り**」は美しい表現だ。大切なもの（明珠）は自分の手のひら（掌）にある。仏性は自分の内にあるから、あとはそれに自分で気づけばいいという一貫したメッセージがここでも語られている。禅では不立文字《ふりゅうもんじ》（言葉から離れよ）と言うが、実際に言葉によらないで伝えることは簡単ではない。そこで伝えにくいものを伝えるために、たとえば「月を指し示す指」という表現が使われる。指（言葉）は月（本質）を指し示しているのであって、指だけを見ていたのでは本質は理解できないという意味。「明珠は掌にあり」も、外にばかり心を向けないで、自分の内にある明珠（仏性）を見よということだ。

日本における曹洞宗の開祖・道元禅師は「**仏性はもともと人々の持ち前の中に具わっているものであるが、修しなかったならば現れてこないし、身につけなかったならばわがものとはならない。だが、これを開発すれば、それはわが掌にあふれて、その数を知らず**」と説いた。

法華教にある「衣裏《えり》の宝珠《ほうじゅ》のたとえ」——ある人が親しい友人の家に行き、大変ごちそうになり、酒を飲んで酔いつぶれてしまった。そのとき友人は、酔って眠っている友人の着物の裏に高価な宝珠を縫いつけて出て行った。何も知らないその男は翌日から他国を流浪し、やがて金がなくなり生活に困っていた。ある日のこと、ごちそうをしてくれた友人に出会った。その友人は「おまえはなんとばかなやつだ。私は昔、おまえに安楽な生活をさせてやろうと思い、どんなものでも手に入る宝珠を、着物の裏に縫いつけた。それは今でもあるはずだ。それを売れば、もう苦しむことはない」と言った。

誰でも仏性、仏の心を持っているが、妄想や執着の塵《ちり》にうずもれてしまって所在すら忘れてしまったのでは、それこそ宝の持ちぐされだ。

16

【日日是好日《にちにちこれこうにち》】逆境もめでたいのだ――雲門文偃《うんもんぶんえん》（『碧巌録』）

（雲門文偃が弟子たちに問題を提起した。「〔夏の修行期間が明ける〕七月十五日以前のことは問わない。十五日以後、何か一句ひねって持って来い」。だれも持って来なかったので自分で一句を作って言った）

日《にち》日《にち》是《こ》れ好《こう》日《にち》。

蝦《えび》は斗《ます》を跳《と》び出《い》でず。

誰家《たれ》にか明《めい》月《げつ》清《せい》風《ふう》無《な》からん。

還《は》た知《し》るや、海《かい》神《じん》は貴《たっと》きことを知《し》りて価《あたい》を知《し》らざるを。

（雲門文偃＝八六四～九四九。中国・唐末から五代の禅僧）

毎日が吉日だ。蝦（海老）が桶の中でいくら跳ねても、落ちてくれば元の桶の中へ入る。誰にでも清浄法身（明月清風）が具わっている。海神は珊瑚《さんご》が貴重なものであることは知っているが、その真の価値を知らない。

私たちは運がいい悪いと言って、ラッキーなことやスペシャルなことがあれば、今日はいい日（好日）だったと思うが、「今日もよい日でありますように」と願っても、さまざまな問題が起き、悩むこともある。しかし、晴天に恵まれようと、風雨に見舞われようと、好悪の出来事があろうと、その一日は二度とない一日であり、かけがえのない一時であると考え、一日一日を全身全霊で生きることができれば、まさに「**日日是れ好日**」だ。

運・不運ということ自体、人が決めつけていることであり、決めつけようとする働きをやめれば、すべてが生かされ、嫌なことがあっても、トラブルやもめごとがあっても、それも生きているうちの一ページなのだから、これもまたよい日であるというふうに思えるようになる。「好日」は願って得られるものではなく、待っていてかなえられるものでもない。自らの生き方に、日々好日を見いださなければならない。

宮沢賢治は病気から快復したあと、外を自由に歩きまわれることは本当に奇蹟みたいなことだと言った。思えば病気の日々も奇蹟をもたらしてくれた「好日」だった。

17 【啐啄同時《そったくどうじ》】本当のおまえが生まれてくるのか――鏡清《きょうしょう》

大凡《およ》そ行脚《あんぎゃ》する人《ひと》は、須《すべか》らく**啐啄同時**《そったくどうじ》の眼《まなこ》を具《ぐ》し、**啐啄同時**《そったくどうじ》の用《ゆう》有《あ》って、方《はじ》めて衲僧《のうそう》と称《しょう》すべし。母《はは》啄《たく》せんと欲《ほっ》すれば子《こ》啐《そっ》せざるを得《え》ず、子《こ》啐《そっ》せんと欲《ほっ》すれば母《はは》啄《たく》せざるを得《え》ざるが如《ごと》し。

（『碧巌録』）

（鏡清《きょうしょう》＝「きょうせい」とも。八六八〜九三七。中国・唐代の禅僧）

およそ修行をする人はみな、**啐啄同時**の眼を持ち、これを用いてはじめて禅僧と言うことができる。母（師）が子（修行者）に悟らせてやりたいと頑張るのであれば、子も頑張らざるをえない。子（修行者）が一生懸命頑張れば、母（師）もそれに応えなければならない。

右頁につづけて、以下の問答が展開される。「私は今まさに自分の殻を破って悟ろうとしています。どうぞ先生、外からつついてください」と言った。鏡清禅師が「つついてやってもいいが、本当のおまえが生まれてくるのか」と問うと、学僧は「私は、もし悟れなかったら世間に笑われます」と言ったので、「この煩悩まみれのたわけものめが」と一喝された。

「**啐啄同時**」は、師弟の心が投合すること。もともと、鳥の卵がかえるときヒナが内側からつつくのを「啐《そつ》」と言い、これに同期して親鳥が外側からつつくのを「啄《たく》」と言う。親鳥の啄とヒナの啐とが少しでもずれると命は受け継がれない。鏡清は学僧の「啐」は時期尚早と考え、「啄」ではなく「喝」を入れた。これは教育の基本に通じるものがある。子どもが伸びるべきときに課題を与える。その課題がむずかしすぎるとくじけてしまうし、簡単すぎると甘くなってしまう。その子にとってちょっとむずかしいくらいの課題を与えると伸びていく。課題がその子にフィットすると、大きく伸びて、殻を破ることができる。つついてもだめだし、つつかずに放任すればいいというわけにもいかない。会社でも、新入社員をやたらとつついてもだめだし、「**機を得て両者相応《あい》ずる得がたい好機**」を見極める力が必要とされる。

18

【死中得活《しちゅうにかつをうる》】活かすも殺すも自分しだいだ——圜悟《えんご》（『碧巌録』）

明鏡《めいきょう》台《うてな》に当《あた》りて、妍醜《けんしゅう》自《おのずか》ら弁《べん》ず。

鏌鎁《ばくや》手《て》に在《あ》りて、殺活《さつかつ》時《とき》に臨《のぞ》む。

漢《かん》去《さ》り胡《こ》来《き》たり、胡《こ》来《き》たり漢《かん》去《さ》る。

死《し》中《ちゅう》に活《かつ》を得《え》、活《かっ》中《ちゅう》に死《し》を得《う》。

（圜悟〈克勤《こくごん》〉＝一〇六三〜一一三五。中国・宋代の禅僧）

一点のほこりもない澄んだ鏡が据えつけられていれば、おのずと心身の美も醜もはっきりわかってしまう。天下の名剣を手にすれば、生きるも死ぬも一瞬だ。漢人が去れば胡人が来、胡人が来れば漢人が去る（去る者は去らしめ、来る者は来たらしめる）。**死の中に生き、生の中に死ぬ**（活かすも殺すも自由自在）**というものだ。**

絶体絶命のところで活路を開くのが「**死中に活を得る**」。この反対が「**活中に死を得る**」。このような働きを「活殺自在」と言う。『葉隠《はがくれ》』にもあるように、死んだ気になると逆に心が自由になり、妙に元気になって生き生きと動けるようになるという逆転の現象がある。「自分」に執着してチャンスを逃してしまう人が少なくない一方で、進退きわまったときに、はたと本来の自分に立ち返ってチャンスを見いだす人もいる。『菜根譚《さいこんたん》』に「静中に動あり、動中に静あり」とある。静の中で得た静は真の静にあらず、動の中で得た静こそ、天から与えられた真の静の境地であると説いている。

この道を進むのはよくないと判断したら、ただちに自ら手を引く「自制力」。これは「我欲」を断ち切る力。反対にもうだめだと思っても、なお自分を叱咤激励する「自発力」。これは「意志の弱さ」を断ち切って、前進させる力。「活殺自在」は「自制」と「自発」によってこそ「自在」に扱うことができるようになる。

19 【一挨一拶《いちあいいっさつ》】心と心をぶつけ合え――圜悟

（『碧巌録』）

玉《ぎょく》は火《ひ》を将《もっ》て試《こころ》み、金《きん》は石《いし》を将《もっ》て試《こころ》み、剣《けん》は毛《け》を将《もっ》て試《こころ》み、水《みず》は杖《つえ》を将《もっ》て試《こころ》む。衲僧《のうそう》門下《もんか》に至《いた》っては、一言《いちごん》一句《いっく》、一機《いっき》一境《いっきょう》、一出《いっしゅつ》一入《いちにゅう》、一挨《いちあい》一拶《いっさつ》に深浅《しんせん》を見《み》んことを要《よう》し、向背《こうはい》を見《み》んことを要《よう》す。

玉は火で真贋《しんがん》を試し、金は石で試し、剣は毛で試し、水は杖で試す。禅僧の一門では、一つ一つの言葉、一つ一つの動作、一つ一つのやりとり、一つ一つの鋭い問いをもって悟りの深浅を見きわめようとし、正しく向いているか背いているかを見抜こうとする。

宝石は火の中で試験し、色が変わらないのが本物である。金は試金石で擦って真贋を見分ける。刀の切れ味は髪の毛を吹きつけて切れるかどうかで見分ける。川の深浅は杖を流れに差して測る。では禅僧の力量はどうやって判別するかというと、言葉を投げかけ、相手の心境を試し、相手の言動に応じて緩急自在に対処しながら挨拶する（心と心をぶつけ合う）ことを通して判別する。「挨拶」の「挨」は「押す、背中を叩く、押し進む」、「拶」は「責める、迫る、はさみつける、押しつける」という意味がある。両方とも「押す」という意味があるように、禅宗では問答しながら押し合い、どうだどうだとやることを「一挨一拶」と言った。

柔道家は組んだ瞬間に相手の力量がわかるというが、禅では、どれだけ相手が悟っているかを問答で見抜く。問答というかたちで競い合い、刺激し合って、悟りの深い浅いを試すというのは面白い。相手に短い言葉でパッと問いかけ、それにパッと答える。この心と心のぶつかり合いによって相手を量る。

仏教ではもともと四人以上の悟りを目指す集団を僧伽《そうぎゃ》（サンガ）と言った。サンガは出家修行者らによって構成される僧団で、略して「僧」と呼び、彼らは押し合いへし合いしながら、ブッダの教えを実践し、あわせて弟子を教育した。ブッダはそういう集団づくりを目指した。

今使われている挨拶という言葉には問答的な意味は込められていないが、私は大震災前に福島県大熊町で講演をしたとき、この町の挨拶は「最近これこれの本を読みました。お勧めですよ」とやってみてくださいと提案したことがある。そうしたら町の人たちが大変喜んで、この町の挨拶はそうしようと言ってくれた。この挨拶は「学ぶ生活をしていますか」というある種の問答にもなっている。

20

【一斬一切斬《いちざんいっさいざん》】一つを斬れば全部が変わる――圜悟

（『碧巌録』）

一塵《いちじん》挙《あが》って大地《だいち》収《おさ》まり、一花《いちげ》開《ひら》いて世界《せかい》起《おこ》る。

只《た》だ塵《ちり》未《いま》だ挙《あが》らず、花《はな》未《いま》だ開《ひら》かざる時《とき》の如《ごと》きは、如何《いか》にか眼《まなこ》を著《つ》けん。

所以《ゆえ》に道《い》う、「一綟糸《いちれいし》を斬《き》るが如《ごと》し、一斬《いちざん》すれば一切斬《いっさいざん》。一綟糸《いちれいし》を染《そ》むるが如《ごと》し、一染《いちぜん》すれば一切染《いっさいぜん》」と。

わずか一つの塵が空に舞うことで、天地を揺るがすこともあれば、一つの花が開くことで、世界が大きく変わることも、ときにある。しかし塵がまだ起こらず、花がまだ開かないときには、どこに目を着ければ（意識を向ければ）よいだろうか。
たとえて言えば「世の真実とは、一束の糸を断るときのように、一斬がすべてを切断する。一束の糸を染めるときのように、一染がすべてを同じ色に染めるようなものだ」

一つの塵が舞い上がって天地を揺るがし、一つの花が開いて世界が変わる。そんなことはふつうはないと考えるが、禅の世界では、極小のことと極大のことを区別して考えないで、すべてつなげていく。世の中全部がつながっていて、一つのものなのだということがわかると、一つの花が開いただけで、この世界全体が変わった、まさに今、世界が生まれたと考えることができる。目の前の花が開いたとき、その花が開いていない世界と開いている世界は、ビフォー・アフターで変化し、新しい世界が生まれたことになる。赤ちゃんが生まれたり、子犬が生まれたりすれば、いなかったものが出現したのだから、世界全体が違う世界になったと考えることができる。世界が小さなものとつながっていると考えれば、物の見方が変わる。束ねた糸（世界）の一か所（小さなもの）を斬れば全部が斬れる。束ねた糸を染料に漬ければいっぺんに染まって、そこに現れるものはがらりと変わる。迷いや煩悩を微塵《みじん》に断ち切れば「本来の面目（自己の本性）」が花開いて、新しい世界が生まれる。

21

【心頭滅却《しんとうめっきゃく》】心をわずらわされるな――黄龍《おうりょう》

安禅《あんぜん》は必《かなら》ずしも山水《さんすい》を須《もと》めず、
心頭《しんとう》を滅却《めっきゃく》すれば火《ひ》も自《おの》ずから涼《すず》し。

（『碧巌録』）

心静かに坐禅をするには山中や水辺でなくてもよい。**物事にこだわる分別・執着の心**（心頭）**に乱されたり、わずらわされたりすることがなければ、暑いがままに涼しい。**

（黄龍＝一〇四三～一一一四。中国・宋代の臨済宗の禅僧）

「**安禅**《あんぜん》**は必ずしも山水を須**《もと》**めず、心頭を滅却すれば火も自ずから涼し**」は中国の六世紀（後梁《こうりょう》）の詩人杜荀鶴《とじゅんかく》の詩の一節を中国・宋代の禅僧である黄龍が引用したものだ。「心頭」とは「心の中」ということで、物事にこだわる分別・執着の心を言う。「滅却」とは、その心にわずらわされたり、乱されたりしないこと。右頁の言葉の前段には以下のようなやりとりがある。「季節ごとに厳しい寒さや暑さがやってきますが、どうしたらそれを避けることができましょうか？」「暑さ寒さのないところへ行けばよいではないか」「その暑さ寒さのないところはどこにありますか？」「寒いときは寒いがままに寒さになりきり、暑いときは暑いがままに暑さになりきることだ」。心身を攪乱する心の作用を調えることができたなら、暑さも寒さも和らぐとした。

苦しいときや辛いときや悲しいときにも同じことが言える。悩みを避けたり、一時逃れするのではなく、ありのままに受け止め、その事柄に徹することで心が調い、悩みや苦しみが薄らいでいく。

人間の体は精神の集中が高まったときには、身体もそれに呼応して特別な状態になる。プロテニスの錦織圭選手は次の日の試合を棄権せざるを得ないほどタフな試合を戦った。そのとき彼はアドレナリンが出ていたのでやり切れたと言った。しかし、次の試合には出られないぐらいダメージを負っていた。プロの選手というのは、心頭を滅却して戦っているのだなと思う。

鎌倉時代の臨済宗の大灯国師《だいとうこくし》は「**坐禅せば四条五条の橋の上　往き来の人を深山木**《みやまぎ》**に見て**」と、修行を重ねると、往来の人たちが深山の木々のように見えて、都塵《とじん》渦巻くなかでも坐り抜けると詠んだ。

22

【不落別処《べつしょにおちず》】収まるべきところに収まるのだ——龐居士《ほうこじ》

（『碧巌録』）

（龐居士は薬山《やくさん》禅師の寺を辞すときに言った）

好《こう》雪《せつ》、片《へん》片《ぺん》別《べつ》処《しょ》に落《お》ちず。

（空から舞い落ちる雪を指さして言った）春の雪もまた、格別だ。**一ひら一ひら、降るべきところに降っている。**

（龐居士＝？～八〇八。中国・唐代の仏教者）

（薬山惟儼《いげん》＝七五一～八三四。中国・唐代の禅僧）

龐居士は空から舞い落ちる雪を指さして「なんとも美しい雪だ。だが、どの雪片も別々のところに落ちず、かといって同じところにも落ちない」と言った。寺の門まで見送りにきた一人の僧がその言葉を耳にして、「それならいったいどこに落ちるのですか」と理屈で問いつめようとすると、龐居士は「バシッ」と平手打ちを食らわせた。それでも食い下がる僧に居士は「そんなありさまで禅僧と称するなら、閻魔《えんま》さまはおまえを放免《ほうめん》しないぞ」と言って、さらに「ピシャッ」と平手打ちを食らわせた。

空から雪が降って、それぞれ落ち着くべきところへひらひらと舞い落ちていく。重力によって雪はそれぞれのところに落ちるだけだから、雪自身に迷いがあるはずもない。それと同じで、雪の一ひら一ひらがどこに落ちるかを心配する人はいないように、自分も落ちるべきところに落ち、収まるべきところに収まるのだから、自分はどこへ行くのだろうかと思いわずらうことはない。そうした境地を右頁の言葉は表している。

花見をしていると、桜の花びらが散る姿を美しいと思う。風に翻弄《ほんろう》されながらも落ちるべきところに落ちる。一つ一つ違うところに落ちるけれども、桜の花の一片一片は迷いなく散っていく。こんなふうに迷いなく散りたいものだと、私たちは花見を通して感じているのかもしれない。

世の中は、それぞれに「自分の落ち着き場所」「自分の居場所」があってそこに収まるもの。「ああしよう、こうしよう」というはからいなど、自然の摂理《せつり》を前に何の力も持たない。よけいなはからいを捨てて、一瞬一瞬を充実して生きること。それが「禅的な生き方」というものだ。

23

【真仏坐屋裏《しんぶつおくりにざす》】自分でプレーせよ——趙州《じょうしゅう》

（趙州禅師は大衆に疑問を投げかけた）

「金仏《かなぶつ》、炉《ろ》を渡《わた》らず、

木仏《きぶつ》、火《ひ》を渡《わた》らず、

泥仏《でいぶつ》、水《みず》を渡《わた》らず」

（趙州禅師はこの疑問に自ら答えた）

真仏《しんぶつ》は屋裏《おくり》に坐《ざ》す。

（『碧巌録』）

（趙州＝七七八～八九七。中国・唐末の禅僧）

（趙州は大衆に疑問を投げかけた）「金仏は炉で溶け、木仏は火で焼け、泥仏は水に溶けてこわれてしまって真の仏と言えないではないか。では真の仏はどこにいるのか」（そして自ら疑問に答えて示した）「**真の仏は屋裏**（肉体の内）**に坐す**」

仏といえば寺のお堂の奥の仏壇に奉られ、拝まれている。仏の形であれば人々はみな仏様と思って拝む。しかし、真の仏は金剛不壊《ふえ》と言って不生不滅であるはずなのに、金仏は炉に入れれば溶けてしまい、木仏は火に焼かれ、泥仏は水に溶けてしまう。ならば、真の仏はどこにいるのかと趙州は大衆に疑問を投げかけた。そして自ら答えて示したのが「**真仏は屋裏に坐す**」だ。

屋裏とは、家の中ということでなく、生身の肉体の内のことを言う。真の仏とは「**衆生本来仏なり**」と言うように、生まれながらにわが身に宿る仏性のことである。にもかかわらず、私たちは外に仏を求めようとする。

そもそもブッダは、みんながそれぞれに具わった仏性を見いだせばよいのだから、自分がこうして悟りを見いだしたように、みんなもやってみなさいというふうに説いた。外に求めてばかりいたら、自分自身がプレーしないことになってしまう。あなた自身がプレーヤーになって自分の「屋裏」を掃除して仏性を浮かびあがらせなさいということだ。ブッダは「悟りのインストラクター」だった。

24

【唯嫌揀択《ゆいけんけんじゃく》】理屈をこねるな――趙州

（『碧巌録』）

（ある僧が趙州禅師に質問した）

「『至道《しいどう》は難《かた》きこと無《な》し、唯《た》だ揀択《けんじゃく》を嫌《きら》う』と。如何《いか》なるか是《こ》れ不揀択《ふけんじゃく》」

「天上天下《てんじょうてんげ》、唯我独尊《ゆいがどくそん》」

「此《こ》れは猶《な》お是《こ》れ揀択《けんじゃく》」

「田庫奴《でんしゃぬ》、什麼《いず》れの処《ところ》か是《こ》れ揀択《けんじゃく》」

僧《そう》、語無《ごな》し。

「『至高の道は別にむずかしいことはないが、ただ分別（取捨選択）を嫌う』という。無分別とはどういう意味ですか」。趙州は言った。「天上天下唯我独尊ということだ」。僧は言った。「天上天下唯我独尊といっても、（我と他、尊と卑の対立があり）それはなお一つの分別ではないのですか」。趙州は一喝した。**「この愚か者め、どこが分別だ！」**。僧は一言も返せなかった。

悟りに至るには修錬を必要とするから容易ではないと思われがちだが、物事を対立的に見たり、選り好みをしたり、取捨選択しようとする思慮分別をなくせばいいだけのことだと説いている。今の時代は、好き嫌いや区別の基準を厳しくして、自分から生きることをむずかしくしている人が少なくない。孟子《もうし》は言っている。「道は近きに在り、しかるに諸《これ》を遠くに求む」。行うべき道は身近なところにあるのに、人はわざわざ高遠《こうえん》なところに求めようとする。いたずらに小むずかしい理屈をもてあそぶなと戒めた。

「天上天下唯我独尊」というのは、自分を唯一の絶対者と見るのではなく、何ものにも揺らがない自分自身があるという悟りの一つだが、そういうことを言うこと自体が分別ではないかとまぜ返すような理屈を言った弟子を、趙州禅師は一喝した。私は大学で学生に、現象学というのは、先入観や思い込みで物事を見ずに、とらわれなく世界と出会うことだと言ったら、それに対する学生の感想に、現象学というふうに学問に名前をつけること自体がとらわれなのではないでしょうかというのがあった。理屈っぽくまぜ返す弟子に理屈でまぜかえすなと一喝した趙州禅師の心境がよくわかる。

25 【無《む》】「ある」「なし」にこだわるな――趙州

（『無門関』）

（ある僧が趙州禅師に質問した）

「狗子《くす》に還《かえ》って仏性《ぶっしょう》有《あ》りや」

「無《む》」

「犬にもやはり仏の本性、仏の命が宿っているのでしょうか」

趙州は答えた。「**ない**」

仏教では「一切衆生悉有仏性《しつう》」（一切のものには仏の性質がある）と言われる。ある僧が門前の痩せ犬を見て、「犬にも仏性がありますか」と趙州和尚に質問した。「有《う》」という答えを期待したのだろうが、趙州は「無《む》」と言い放った。ところが趙州は、別の僧から同じ質問を受けたとき、今度は「有」と答えた。趙州はそのときその都度、口から出まかせを言ったわけではない。

植物でも何でも一生懸命生きているものには仏性があるとも言えるが、人間とまったく同じかというと、ちょっと異なる。植物はなんのはからいもなく自然に生長するから、悟りの姿と似ているとも見えるが、植物には人間の「自意識」に当たるものはない。自意識というよけいなものを取り去って、自らの「本然《ほんぜん》（本来）の姿」に気づくのが、人間の仏性の自覚のあり方だから、植物には仏性がないとも言える。犬はどうか。死ぬときにもそんなにじたばたしない。死の恐れにも強い。そうしたことだけを見ると悟っているように思えるが、人間のように迷いや煩悩を拭い去ったところで得たものではないので、ちょっと違うとも言える。しかしある面、似ているとも言える。つまるところこの禅語は、「存在する」「存在しない」という相対的な認識というか理屈にこだわること自体がおかしいのだとも読み取れる。

ところで、坐禅会で少々坐禅をしたからといって無心にはなれない。足が痛いのはみな同じだから、簡単に無心になれるほうがおかしい。そもそも坐禅は精神鍛錬のための苦行ではないから、足が楽なように坐っていいと私は考える。作法にこだわって足の痛みゆえに無心になれないのでは本末転倒だ。長く楽につづけられる姿勢を求めることが安らかな気持ちにつながる。

26 【平常心《びょうじょうしん》】ありのままの心を受け入れなさい——南泉《なんせん》

（『無門関』）

（趙州は師の南泉和尚に質問した）

「如何《いか》なるか是《こ》れ道《どう》」

「平常《びょうじょう》心《しん》是《こ》れ道《どう》」

あるとき趙州は南泉和尚に「仏道とはどういうものですか」と質問した。南泉は答えた。「**おまえの平常《びょうじょう》の心、それこそが仏道というものだ**」

（南泉＝七四八〜八三五。中国・唐代の禅僧）

右頁につづけて「それには何か特別の修行の方向づけがありますか」と趙州が質問すると、南泉和尚は「ない。向かおうとすれば逸《そ》れてしまうものだ」と答えた。「向かわなければ、どうして道を知り得ましょうか」と趙州が重ねて質問すると、「**道というものは、知るとか知らないとかのレベルを超えたものだ。**（中略）**もし本当にこだわりなく生きることができたなら、この大空のようにカラリとしたものだ。それをどうしてああだこうだと詮索《せんさく》することがあろうか**」と答えた。

この言葉が終わらないうちに趙州はいっぺんに悟った。たとえば不安にかられたときに落ち着こうとすればするほど、不安が増してしまうことがある。むしろ不安になっている心こそ、今の自分のありのままの心なのだと認めて受け入れるとき、自分が排除しようとした心がなくなる。これが平常心だ。

禅が面白いのは、「是《こ》れ○○」「即《すなわ》ち○○」と言って、「あなたはもうできている」という発想の転換をうながす教え方だ。禅とは異なるが、心理療法の一つであるブリーフセラピー（短期療法）で、たとえばアルコール依存症で自己嫌悪している人に、起きているときには欠かさずアルコールを飲んでいるかと尋ねる。朝起きてすぐは飲みませんと答えたとすると、では飲んでいない時間もあるわけですね？「あなたはもうできている」のだから、その割合を増やしていきましょうとうながす。「自分にも飲まないでいられる時間がある」ことに気づくことができれば「是れ即ち」問題解消につながる。

子どもの読書感想文で、ここはいいというところに波線を引いて三重丸をし、ここの表現はいいとほめる。「もうできている」という目線を子どもに感じさせ、その一文のような感じでほかも書けばいいんだよとうながす。「是れ即ち」上達の道を歩みはじめたことになる。

27

【洗鉢盂去《はつうをあらいされ》】茶碗を洗うことからはじめなさい――趙州（『無門関』）

（新米の僧が「禅とは何かを教えてください」と質問したところ、趙州禅師は言った）

「喫粥《きっしゅく》し了《おわ》るや」

「喫粥《きっしゅく》し了《おわ》れり」

「**鉢盂《はつう》を洗《あら》い去《さ》れ**」

其《そ》の僧《そう》、省《せい》有《あ》り。

趙州は言った。「朝飯はすんだかい」

僧が答えた。「はい、いただきました」

趙州は言った。「**それでは茶碗**（鉢盂）**を洗っておきなさい**」

この僧はこの一語で悟った。

趙州の対応が面白い。「私は駆けだしの未熟な雲水《うんすい》です」と言う修行僧が「禅とは何かを教えてください」と尋ねると、「朝飯はすんだか」と返す。「すみました」と答えると、「だったら茶碗を洗ってきなさい」と返した。ふつうなら新米の僧にあれこれ教えを垂れたくなるが、食べるときには一心に食べ、食器を洗うときには心を込めて洗う。それ以外に特別の教えなどないから、日常のことをちゃんとやりなさいと説いた。これは禅ならではの「次元を変える」絶妙なアドバイスだ。

尊い教えは高邁《こうまい》なものと決めつけて、それを遠くに求めれば求めるほど、悟りから離れていく。山奥でなくても、滝に打たれなくても、ご飯を食べる、仕事をする、掃除をするなど、今いる場所が、その時その時が修行になる。今自分がなすべきことに命を燃焼させなければならない。

ドストエフスキーの『罪と罰』の主人公ラスコーリニコフは自己中心的な妄想にとらわれて、自分ほどの人間であれば金貸しの老婆を殺して、その金を自分で活用したほうが世のため人のためになるという論理をつくりあげ、実行に移してしまう。現実を見ていない、悟りの世界とは正反対にいる人間だ。ラスコーリニコフがやらなければいけなかったことは、部屋を片づけたり、自分で食事をつくったり、ちゃんと働いたりして、なによりもまず生活を整えることだった。

世の中には妄想の世界やインターネットの仮想空間に自分の世界を見いだし、その妄想がエスカレートして、現実を見失ってしまう人もいる。そういう人に必要なことは、朝飯を食べ、食べ終わったら茶碗を洗うことから生活を整えていくこと。「禅とは何かを教えてください」と趙州に質問した僧は、ラスコーリニコフの妄想とは異なるが、「仏を外に求める」というある種の妄想にとらわれていた。

28

【呵呵大笑《かかたいしょう》】深刻さなど笑い飛ばせ――仰山《きょうざん》

（『碧巌録』）

仰山が三聖《さんしょう》に問うた。「汝《なんじ》の名《な》は什麽《なん》ぞ」

三聖云《いわ》く、「慧寂《えじゃく》」

仰山云く、「慧寂《えじゃく》は是《こ》れ我《われ》なり」

三聖云く、「我《わ》が名《な》は慧然《えねん》」

仰山、**呵呵大笑《かかたいしょう》す。**

（仰山慧寂＝八〇七～八三。中国・唐代の禅僧）

（三聖慧然＝生没年未詳。『臨済録』の編者）

ある日、仰山（慧寂）は「君の名は何だいな」と三聖に尋ねた。三聖（慧然）はなんのためらいもなく「慧寂です」と答えた。仰山が「慧寂は私だ」と言い返すと、三聖はあたりまえのように「私は慧然という名です」と答えた。それを聞いた仰山は**からからと大笑いした**。

禅僧の面白さは常識では考えられないことをむちゃ振りするところだ。仰山は三聖の名前を知っているから、名前を問われた三聖はふつうに答えたのでは面白くもなんともないと考えた。そこで三聖は相手の仰山の名前（慧寂）を名乗った。案の定、仰山はおっとと驚き、それはおれの名前だと指摘した。ここで三聖が本当の名前（慧然）を名乗ったので、仰山は思わず大笑いした。この驚きと笑いが禅のイメージには欠かせない。ここでは、名前を取り替える言葉遊びがおこなわれているが、「名前は本質ではない」ことが前提としてあるから、大笑いできる。名にとらわれないのが禅的だ。禅というと、まじめで静かというイメージだが、「**呵呵大笑**」には禅のおおらかで自在な知性が象徴されている。

ニーチェは『ツァラトゥストラ』に「一度も舞踏しなかった日は、失われた日と思うがよい。そして、一つの哄笑《こうしょう》をも引き起こさなかったような真理は、すべて贋《にせ》ものと呼ばれるがいい」（手塚富雄訳）と書いた。ニーチェは深刻さを好まなかった。むずかしそうな顔をしていながらじつは何も考えていない人間とは正反対に、深刻さなど笑い飛ばせとばかりに思想を語り、高らかに笑いながら価値を創造するのがニーチェだった。私は授業で笑いが起きるのを目指して、爆笑を誘っている。知性が自在に動けてこそ瞬時に笑える。

29

【白馬入蘆花《はくばにゅうろか》】 同じとも違うとも決めつけるな——圜悟

（『碧巌録』）

僧、巴陵《はりょう》に問う、「如何《い》なるか是《こ》れ提婆宗《だいばしゅう》」

（白《は》馬《ば》、蘆《ろ》花《か》に入《い》る。什麽《なん》と道《い》うぞ）

巴陵云《いわ》く、**「銀《ぎん》椀《わん》裏《り》に雪《ゆき》を盛《も》る」**

ある僧が巴陵和尚に「提婆宗《だいばしゅう》（禅）の宗旨とはどんなものでしょうか」と問うた（圜悟禅師は「**白馬が白い蘆《あし》の花を分け入って行く。これと同じだ**」と補足した）。するとは巴陵は「**銀の椀に雪を盛るようなものだ**」と答えた。

（巴陵＝生没年未詳。中国・五代〜宋代の人）

禅とはどのようなものでしょうかと訊《き》かれたとき、あたかも一幅の絵のように示したのが「**白馬、蘆花に入る**」「**銀椀裏に雪を盛る**」だ。二人の禅僧が、こまごまと説明せずに、ある胸中を絵のように示して一瞬のイメージで伝えているところに禅らしさが溢れている。

「白馬が蘆花に入る」「銀白色の椀に白い雪を盛る」――白い馬と白い花、白い椀と白い雪、どちらもまじり合って区別がつかない。しかし、見分けがつかないくらい似てはいるが、違いがある。禅では「同じ色ではないか」と決めつける前に、全体を見渡して心の目をこらして見るうちに、似たような姿のなかにも違いが明らかになってくるとする。

のちの構造主義に影響を与えた言語学者のフェルディナン・ド・ソシュールは、言葉の一つ一つに意味があるのではなく、言葉相互の差異の体系が意味を生みだすと説いた。右頁でとりあげた禅語で言えば、白い馬がいて、そこに白い花があるというよりは、その白がまざり合って、しかし微妙な差があってはじめて意味が生まれてくるということだ。

中国・隋代の僧璨《そうさん》禅師（三祖《さんそ》）は「**相対を排斥《はいせき》せず、すべての存在を差別のままに包みこむ**」（『信心銘《しんじんめい》』↓一三三頁を参照）と禅の心を説いている。茶の世界でも、主客が何の差別もなくお茶会が開かれる。しかし、なんの差別もないようでいて、亭主は亭主、客は客という区別がある。区別はあるけれども、その区別を少しも感じさせずに、主客が一体となった愉しいお茶会でなければならない。

30 【看脚下《かんきゃっか》】一歩一歩を大切にしなさい――圜悟

（『五灯会元《ごとうえげん》』）

法演《ほうえん》「各人《かくじん》、一転語《いちてんご》を下《くだ》せ」

仏鑑慧懃《ぶっかんえごん》「彩鳳《さいほう》、丹霄《たんしょう》に舞《ま》う」

仏眼清遠《ぶつげんせいおん》「鉄蛇《てつだ》、古路《ころ》に横《よこ》たわる」

仏果圜悟《ぶっかえんご》（克勤《こくごん》）「**脚下《きゃっか》を看《み》よ**」

法演《ほうえん》「吾《わ》が宗《しゅう》を滅《めっ》する者《もの》は乃《すなわ》ち克勤《こくごん》のみ」

（法演＝一〇二四?～一一〇四。中国・宋代の禅僧。中国禅宗の五祖）（仏鑑慧懃＝一〇五九～一一一七）（仏眼清遠＝一〇六七～一一二〇）（仏果圜悟〈克勤〉＝一〇六三～一一二五）

（暗い夜道で灯火が消えてしまったとき、法演が問うた）「おまえたち、悟りの心境を言ってみよ」。仏鑑は「（すべてが黒一色のこの暗闇は）美しい赤い鳥が夕焼けの真っ赤な大空に舞っているようなものだ」、仏眼は「（真っ暗な中でこの曲がりくねった道は）真っ黒な大蛇が横たわっているようなものだ」、仏果（克勤）は「**足元をよく見て歩きましょう**」と答えた。法演は仏果の言葉を聞いて「そうだ、そのとおりだ」と言った。

法演（五祖《ごそ》）が「明かりが消えてしまったこの暗闇の中でどうするか言え」と三人の弟子に迫った。思いも寄らない災難などに遭《あ》って、前途暗澹《あんたん》たるところをどう切り抜けるかという問いだ。禅の心構えを問答を通して問い、自分の後継者を選ぶ作業でもあった。

三人に問うというパターンは論語などにも見られるが、その三人がそれぞれ違う答えをする。仏鑑と仏眼は暗闇の抽象的なイメージを語ったのに対して、仏果は危ないからつまずいたりしないように足元をよく見るようにしようと答えた。この一見当たり前すぎて浅いように思える答えが真理だというのが、禅の面白さだ。どうするかと問われたとき、仏果は当事者意識をもって、具体的に自分ならこうすると答えた。答えの深さ浅さではなく、訊かれたことに具体的かつ本質的に答えるというのが大事だ。

この問答には、自分の足元を見ればそこに仏性が見えてくるという含みもある。上ばかり、遠くばかりを見つめていると、足元がおろそかになってつまずいてしまう。自己を見つめ、一歩一歩を大切にして生きなさいと説いている。

31

【掬水月在手《きくすいげつざいしゅ》】誰でも手にすることができる――法演《ほうえん》（『虚堂録《きどうろく》』）

水《みず》を掬《きく》すれば月手《つきて》に在《あ》り
花《はな》を弄《ろう》すれば香衣《こうえ》に満《み》つ

――水をすくった手に月が映り、花とたわむれていたら着物に香りが染みこんだ。

右頁の言葉は中国・唐代の詩人・于良史《うりょうし》の漢詩「春山夜月《しゅんざんやげつ》」の一節を法演が引用して禅の心を説いたものだ。大空に輝く月も、手で水をすくって映せば手中にできる。菊の花も手に持って親しめば、香りが衣服に染み込んでくる。水をすくえば仏の光が輝き、花とたわむれれば仏の香りに触れる。いつでもどこでも、見るもの聞くもの、何一つとして仏の真理から離れたものはない。ただ私たちは心がそこにないから、水をすくっても花とたわむれても、月にも香りにも気づかずにいる。

月や花は禅では一つの象徴になっている。月は静かに澄み切っているので、月のような心は、妄想に膨らんだざわめいた心とは対極をなす。無心に咲く花にしてもそうだ。才能のある人だけが月を手に映せるわけではない。誰がやってもそうなる。花の香りも誰が接しても広がる。

月は遠い空のものだったのに、花は愛でるものだったのに、いつのまにか自分と一体になってしまう。この世のすばらしいものに触れて、それが自分の一部になる。尊いものはなかなか手に入らない遠いところにあるのではなく、水をすくったり花に親しんだりすることで自然の尊さとなじむことができるように、真理もみんなが手にすることができると法演は言いたかったのだろう。

当時の人にとって月は闇夜を照らす大事なもの。とりわけ中国や日本では、月に対する思い入れが強い。自分が動けば月もついてきたり、月に語りかけたりして、それを俳句や和歌にしたためた。与謝蕪《よさぶ》村《そん》は「月天心《てんしん》貧しき町を通りけり」と詠んだ。

禅では、月は悟りの象徴でもある。達磨大師の「壁となって観る」という「壁観《へきかん》」にならって、月を見る（月となって見る）「月観《げつかん》」があってもおかしくない。

32

【百尺竿頭《ひゃくしゃくかんとう》】その先を行け——長沙景岑《ちょうさけいしん》

百尺竿頭《ひゃくしゃくかんとう》に坐《ざ》する底《てい》の人《ひと》、得入《とくにゅう》すと雖然《いえど》も未《いま》だ真《しん》と為《な》さず。

（『無門関』）

百尺竿頭《ひゃくしゃくかんとう》、須《すべか》らく歩《ほ》を進《すす》めて、
十方世界《じっぽうせかい》に全身《ぜんしん》を現《げん》ずべし。

百尺もある竿《さお》の先にどっかりと坐りこんでいるような人は、なるほど悟りを開いているとはいっても、真に悟りを開いたというわけにはいかない。

百尺の竿の先から、もう一歩を進めてこそ、衆生世界が存在するこの広大無辺なる世界のあらゆる場面で、自己のすべてが発揮できるというものだ。

（長沙景岑＝？～八六六。中国・唐代の禅僧）

百尺の竿とは大変な長さだが、その先端に達するほどに修行して悟りを開いたと言えるようなところにいるとしても、ここで止まってしまってはいけない。自分は悟ったというふうに安住したとたんに、悟りに入ったという思い込みにとらわれ、悟ったような振る舞いをするようになり、「悟りくささ」が出てしまう。百尺竿頭から一歩踏みだすことは、竿の先は空中なので身を宙に投げだすことになるが、そこで躊躇せずに、悟ったという分別を断ち切って百尺竿頭から思い切ってさらに一歩を進めてこそ、本来の自分が発揮できるようになると長沙景岑は説いた。

みんなの前でスピーチをするとき、慣れている人でも大勢を前にすると緊張する。そんなときに百尺竿頭から一歩踏みだすイメージ、多くの聴衆に身をさらすイメージでやってみると、思いもかけない反応に「はっ」と驚いたりする。それまで接したことのなかった人に思い切って会ってみることで、自分はまだまだなんだと「はっ」と気づいたりする。迷いを乗り越えたと思ったらまた迷いが生じ、「はっ」と気づいてふたたび乗り越えていくというぐあいに学びつづけている人は生き生きとしている。

「ほとんどすべての人間は、もうこれ以上アイデアを考えるのは不可能だというところまで行きつき、そこでやる気をなくしてしまう。勝負はそこからだというのに」とエジソンは言ったという。これで行き止まりと決めつけてしまうのは、外からの制約によるよりは自分自身によることが多い。階段を上っていって、上りおえたところで安住せずに歩みつづけるなら、心を滞らせないですむ。血液と同じで、動いているといい具合に心が動き、生き生きとなる。

33【一拳拳倒《いっけんけんとう》】根本からひっくり返せ——雪峰慧空《せっぽうえくう》

（『五灯会元』）

一《いっ》拳《けん》に拳《けん》倒《とう》す黄《こう》鶴《かく》楼《ろう》、
一《いっ》趯《てき》に趯《てき》翻《ほん》す鸚《おう》鵡《む》洲《しゅう》。
意《い》気《き》有《あ》る時《とき》、意《い》気《き》を添《そ》う、
風《ふう》流《りゅう》ならざる処《ところ》也《また》風《ふう》流《りゅう》。

黄鶴楼を一拳で倒し、
鸚鵡洲を一蹴でひっくり返す勢い。
いやがうえにも意気があがり、
そんな野卑《やひ》なところに風流（無心の境地）が
脈打っている。

（雪峰慧空＝一〇九六～一一五八。中国・南宋時代の禅僧）

黄鶴楼も鸚鵡洲もともに中国・武漢にある名勝で、そのすばらしい絶景さえも一打・一蹴でぶちこわしてしまうぐらいの気概をもって、とらわれやこだわりを断ち切れ。そんな野卑《やひ》なおこないの果てに風流（無心の境地）を見いだすことができると慧空《えくう》は説いた。鈴木大拙は『無心ということ』で述べている。「いろいろなものを次から次へと積み上げ、重ね上げた世界では、動きがとれなくなる。賽《さい》の河原《かわら》で子供が小石を積み重ねると、鬼が出て来てこれを一度に踏み倒してしまうというが、それと同じ案配に、自分らが一心に作りあげたと考える、この世界を一瞬時にたたきつぶしてしまわなくてはならぬ。（中略）一つずつ崩すというようなことでは助かることができない。積み上げた概念を根元から転覆させせなくてはならぬ。それは決して楽なことではない、なかなか容易ならぬ苦労だが、やってしまえば、あとは大安楽である。この安楽境を自分は無心の境地と呼びたいのである」

禅の境地は枯淡《こたん》にあると考える人もいるが、枯淡の境地は悟りではなく「悟りくささ」にすぎない。枯淡に沈潜《ちんせん》することは無心の境地ではない。坂口安吾は『日本文化私観』に「寺がなくとも、良寛は存在する。もし、われわれに仏教が必要ならば、それは坊主が必要なので、寺が必要なのではないのである」「法隆寺も平等院も焼けてしまって一向に困らぬ。必要ならば、法隆寺をとり壊して停車場をつくるがいい」と書いている。安吾は枯淡とか風流とかを嫌ったのだが、はからずも右頁の禅語でも、風流ならざるところに風流があり、悟りならざるところに悟りがあると言っている。

ありがたがって枯淡にとらわれるな、そんなものは壊してしまって風流の本質を見極めよ。禅にはこうした意気の強さがある。

34 【放下著《ほうげじゃく》】四の五の言わずにすべて捨ててしまえ──趙州（『従容録《しょうようろく》』）

（厳陽《ごんよう》和尚が師の趙州禅師に質問した）

「一《いち》物《もつ》不《ふ》将《しょう》来《らい》の時《とき》如《い》何《かん》」

「放《ほう》下《げ》著《じゃく》」

「何もかも捨て去って、一物も持っていません（長い修行の甲斐があって煩悩・妄想を断じ、無一物の境地に達しました）。これから先、どう修行したらよいでしょうか」

趙州は答えた。『**捨てるものはない**』**ということさえ捨ててしまえ**」

（厳陽《ごんよう》＝「げんよう」とも。生没年未詳）

厳陽がいかにも何も持っていません（無一物）というようなことを言ったので、師の趙州は、まだそんな気どりがあるのか、そんな思いさえも捨ててしまえ（落としてしまえ）というふうに迫った。迷いはもとより、悟ったという思いさえも、きれいさっぱり捨ててしまえと言っている。

禅の言葉は徹底的に言い切るところに妙味がある。「**放下著**」の「著」（「着」とも）は強調の助辞。放下とは一番大事なことを「放って下に落としてしまう」こと。ひらたく表現すれば「エーイッ！　四の五の言わずにすべて捨ててしまえっ！」となる。「捨てるものがない」と抗弁すると、「捨てるものがないというそのことさえ捨ててしまえ！」と迫る。

悟りには体の放下も欠かせない。緊張しているときは、固まって上に上がっている状態で、うまく下に放てていない。力を抜けば、重力に従ってじわーっと落ちていく。野口三千三《みちぞう》氏の野口体操では、重力、重さを感じて自分の体を緩めると、自然に落ちていく、それは新たな自分の気づきであるという。ムダな力が抜ければ、体の重さを感じる。重力に逆らわずに下に落としていくことで、身心の素直さが得られるというわけだ。

道元が言う「**身心脱落**《しんじんだつらく》」も、下に落としていくことに通じる。「落とす」という表現は、「なくす」よりも実体に近い。雑念を捨てろ、雑念を持つなというふうに言うのではなく、「雑念を落とせ」と言われると、ふーっと落ちていく。「腑《ふ》に落ちない」「腑に落ちる」と言うが、むだなものを削ぎ落として、プライドさえも落としていけ。プライドを持つなと言うよりも、「プライドを落とせ」と言われると、ちょっと力が抜ける。重力にまかせたときに力が抜けるのと同じイメージが心にも湧いてくる。

35

【拈華微笑《ねんげみしょう》】ひねりを加えよ――無門《むもん》

世尊《せそん》、昔《むかし》、霊山会上《りょうぜんえじょう》に在《あ》って**花《はな》を拈《ねん》じて**衆《しゅ》に示《しめ》す。是《こ》の時《とき》、衆皆《しゅみ》な黙然《もくねん》たり。惟《た》だ迦葉尊者《かしょうそんじゃ》のみ**破顔微笑《はがんみしょう》す**。

（『無門関』）

（無門＝一一八三～一二六〇。中国・宋代の禅僧）

世尊（釈迦）が二千五百年前の昔、インドの霊鷲山《りょうじゅせん》の丘の上で説法されたとき、何も言わずに金波《こんぱ》羅華《らげ》という**花をちょっとひねって**聴衆に見せられた。説法がこれだけで終わったので、聴衆はあっけにとられていた。ところが筆頭弟子の迦葉だけは相好《そうごう》をくずして**にっこり笑ったのである。**

世尊（ゴータマ・ブッダ＝釈迦）のときから、悟りの真髄は言葉では伝えられないもの（不立文字）であり、師の心から弟子の心へと直接に悟りのエッセンスを伝えていく以心伝心というか、大切なものを受け渡していく師と弟子のあいだの魂の交流があった。「暗黙知」とも言える。右頁のやりとりは弟子の摩訶迦葉《まかかしょう》（ブッダの入滅後に教団の指導的役割を担った）とブッダの心の交流を描いている。花をひねって見せるというのが面白い。あまり目にすることのない仕草に、あれは何を意味するのだろうと、いぶかしがる。ところが弟子の迦葉は、言葉では言い表せないけれども、釈迦が花をひねって見せたとき、「あ、それですね、わかります」という感じでにっこりした。迦葉が笑ったのは、奥義がわかり合えて微笑んだと考えられるが、一方で、釈迦はたんに花をひねって愉しんだ、それをほほえましく思ったと、素直に受け取っても面白い逸話だ。ちょっとした面白い仕草をしたり、ジョークを言ったりしても、まったく笑ってくれないと、何か気持ちが通じ合わないような気がする。私は人に話をするときにひねりを入れてジョークにしようとすることがある。そんなときに笑ってくれる人とそうでない人がいるが、笑ってくれるとお互いに何かを共有した感じになる。「ひねりを加える」は以心伝心に欠かせない技だ。

36

【一日不作《いちじつふさく》　一日不食《いちじつふしょく》】進んで働くことは愉しいことだ――百丈《ひゃくじょう》

（『五灯会元』）

一《いち》日《じつ》作《な》さざれば一《いち》日《じつ》喰《くら》わず。

労働することが一番大切なことであり、それを欠いたのでは食べる気分にならない。

（百丈懐海《えかい》＝七四九～八一四。中国・唐代の禅僧）

百丈は高齢になっても毎日、自ら畑を耕していた。見かねた弟子たちが農具を隠して休息を願ったため、畑仕事ができなくなった百丈は、食事をとらなくなった。弟子たちが「なぜ食事を召しあがっていただけないのですか?」と尋ねると、百丈は「一日作《いちじつな》さざれば一日喰《くら》わず」と答えた。

これは百丈に「働かざるもの食うべからず」という倫理観があってのことではない。義務としての労働、労働の報酬としてのお金とは異なり、働きたかったのに働けなかったので、今日はちょっと食べる気がしない、何だか今日はすっきりしない。これでは一日が完結しない。やっぱり働いてご飯を食べるのがおいしいという百丈自身のルールであって、人に押しつける気はない。

もともとブッダたちはふつうの労働のサイクルから身を離せと言っている。サンガという集団(僧団)では戒律によって労働を禁じられていた。托鉢《たくはつ》をして喜捨《きしゃ》を受け、布施《ふせ》を受けた。だから百丈の言う「一日作さざれば一日喰わず」も、労働を義務としてとらえているわけではない。百丈にとっては働くことが日常であり、その日常のなかに食べるものがある。そのようにして一日一日がまわっている。日常の生活をしっかりやり、何歳になっても自分のことは自分でやる。それが百丈にとっては欠くことのできない修行だった。百丈は日常の作務《さむ》に全身全霊を傾けた。

無心に雑務をこなすことは、「悟りとは何か」「禅とは何か」「修行は何のためにあるのか」などと頭で考えるより、よほど禅の精神になじむ。高齢になるとどうしても人に頼りがちになるが、最後まで家事をして百歳まで生きたとか、生涯現役で仕事をして長生きしたという人が少なからずいるように、高齢になっても自分のことは自分でやろうと思うのは、すごく健全なことだ。

37 【独坐大雄峰《どくざだいゆうほう》】自分に向き合え——百丈

（『碧巌録』『道元禅師語録《どうげんぜんじごろく》』）

（ある僧が「この世で最も尊いものは何でしょうか」と質問すると百丈は答えた）

独《ひと》り大《だい》雄《ゆう》峰《ほう》に坐《ざ》す。

（道元はこれを読んで、つぎのように説いた）

今日《こんにち》或人《もしひと》あって、永平《えいへい》に如何《いか》なるかこれ奇特《きとく》の事《じ》と問《と》わば、ただ他《かれ》に向道《い》わん、今日《こんにち》鼓《く》を鳴《な》らして陞堂《しんどう》すと。

百丈「（この世で最も尊いものは）わしが、**この百丈山に独り坐っていることだ**」

道元「今日もし永平《わたし》に『この世の中で一番尊いものは何か』と訊《き》く者があれば、私はその者に言おう。『**法堂に上がって説法をすることだ**』」

この世で一番尊いことは自分がこの山に独り坐っていることだと言い切れるのはすごい。自慢をしているわけではない。この世界はあくまでも自分が存在しているからあるのであって、そういう自分が世界（大雄峰）に溶けてしまったような状態ほどすばらしいことがあろうかとたたえている。

一読すると、百丈のもの言いは、自尊心が強く、自己中心的と思われかねないが、じつは違うことを言っているというのが禅語の面白さだ。日本人は何にでも謙虚になりがちだが、恐れから来ることの多い謙虚さは一種のわなでもある。自分がこの世にどっかと存在していることはなんとすばらしいのだというのは、妙な謙虚さに陥ることなく、対象にも自分にもきちんと向き合えという促しになっている。

のちに道元は百丈のこの言葉を読んで、自分にとって尊いことは「**今日この太鼓を鳴らして上堂する**」（法堂に上がって説法をする）ことだと答えた。君たちと出会ってここにいて、こうして法話ができること、そのこと自体が尊いことだ。その日その日の仕事をきちんとやることが尊いという姿勢は、明るく、前向きで、堂々としている。

教師で言うなら、教壇に立って授業をすることが尊いことなのだとなる。宮沢賢治は四年間の教師の仕事を「うたってくらした」と表現した。

「この四ヶ年が／わたくしにどんなに楽しかったか／わたくしは毎日を／鳥のやうに教室でうたってくらした／誓って云ふが／わたくしはこの仕事で／疲れをおぼえたことはない」（「生徒諸君に寄せる」）

教室で暮らした四年間が尊い。一生懸命取り組んだ授業によって教室が祝祭空間となり、自分も祝祭された。それは鳥のように歌い暮らすようであった。だから、まったく疲れなかった。これは悟りだ。

38

【返本還源《へんぽんげんげん》】心よ、行って帰ってこい

（『十牛図《じゅうぎゅうず》』）

第一《だいいち》　尋牛《じんぎゅう》

第二《だいに》　見跡《けんせき》

第三《だいさん》　見牛《けんぎゅう》

第四《だいし》　得牛《とくぎゅう》

第五《だいご》　牧牛《ぼくぎゅう》

第六《だいろく》　騎牛帰家《きぎゅうきか》

第七《だいなな》　忘牛存人《ぼうぎゅうそんにん》

第八《だいはち》　人牛俱忘《にんぎゅうぐぼう》

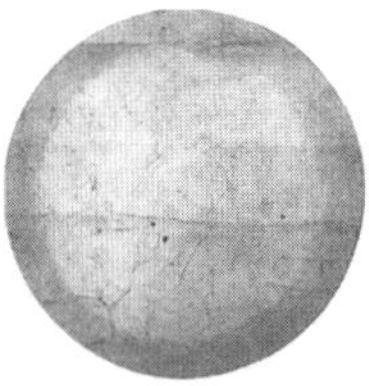

第九《だいく》　返本還源《へんぽんげんげん》

第十《だいじゅう》　入鄽垂手《にってんすいしゅ》

第一に牛を尋ねる――失った牛（本来の自己・自己の本質）を捜す場面。じつはなくしていないのに、なくしたと思って捜すが、どこにあるかわからずに途方にくれる。

第二に跡を見る――牛の足跡を見つけるが、足跡（経典・経文）は牛の存在を頭で知ったにすぎない。

第三に牛を見る――牛の声を聞いて、その後ろ姿を見つけるが、まだ牛のすべてを見たわけではない。

第四に牛を得る――ついに牛を見つけて手綱をつけるが、牛は嫌がる。その綱はぴんと張り、真の自己との緊張関係（自分のものになっていない）を示す。

第五に牛を牧《か》う――あばれる牛をならして連れて帰る。手綱に張りつめた様子はない。ここではじめて、牛の顔が描かれる。手に入れた牛を、そこで安心せず必死になって馴らしていく。

第六に牛に騎《の》って家に帰る――ようやく馴れた牛に乗り、笛を吹きながら家に帰る。見つけた牛を飼いならしていくうちに、牛と自分がぴったりと一つのものになっていることに気づく。

第七に家に到って牛を忘れる――家に帰って牛のことを忘れ、牛もどこかへ行ってしまう。悟ったという気持ち自体を忘れた境地。

第八に人牛ともに忘れる――牛も人も忘れ去られている。自分の都合も、立場も、知識も、経験も、すべて空っぽになった状態。

第九に本《もと》に返り源《もと》に還る――牛を求めて旅をしてきたが、結局もとにもどり、はじまりにかえって、牛も見えず、自分もない。

第十に鄽《てん》に入《い》り手を垂れる――布袋《ほてい》（牛を捜していたかつての童子）は、見失っていた自分を見いだし、町に行って人々と交わる。これから人を導くことを表す。

十牛図（十牛禅図《じゅうぎゅうぜんず》とも。中国・宋代の臨済宗の禅僧・廓庵《かくあん》禅師によるものが有名）は、禅の悟りに至る道筋を牛を主題として十枚の絵で表したもの。見失った牛を捕まえに行き、連れて帰ってきて家にいたら、やがてすべてを忘れてしまって、最後は世の中にふたたびもどっていく。牛は「真の自己」を象徴し、本当の自分って何だろうと捜しに行く。

牛は神聖な動物であり、人間よりも大きく、ものを言わない。しかし大きなエネルギーを持っている。それが自分から失われていると思って捜しに行く。行ってみると、ものを言わない大きなエネルギーを持ったもの、何か自分を超えたようなものが自分の中にあることに気づく。それを十全にコントロールできるようにする。そして、やがてそのことも忘れてしまう。

これはヨガ的でもある。ヨガというのは、自分が本来持っている身の内にあるエネルギーを捜して気づき、それを精励して浄化しつつ機能させ、完全に身体をコントロール下に置く。身体をコントロールしきったところで、もう身体のことは考えなくても自然にいられるようになる。真の自己というふうに考えてもいいし、身体的なエネルギーと考えてもいいかもしれない。

面白いのは「第九、返本還源《へんぽんげんげん》」の段階になると、牛を忘れたあと、人間もいなくなってしまうことだ。ハイデッガーは、捜していた自分さえもいなくなったこの図に感動したという。捜していた真の自己もいないし、自分を探している当の自分もいない。悟る前と同じく、水が流れ、花が美しく咲きほこっているだけだ。ハイデッガーは西洋哲学にはない概念に「ほーっ」と驚いたそうだ。

そして、最後の「第十、入鄽垂手《にってんすいしゅ》」。悟った人間がまた世の中、俗《ぞく》に帰っていく。童子が悟りを得た修行者として町へ出て別の童子と交わり、その別の童子が同じように悟りの道を歩みはじめる……。メビウスの輪のように、そのサイクルがくり返される。

ブッダの十大弟子の一人シャーリプトラ（舎利弗《しゃりほつ》）は、ずっと師（ブッダ）のところで学びたいけれども、師のもとで悟ってしまうと、そののちは悟りを伝えに行かされるので寂しいと言ったという。

彼にかぎらず、自分が悟ったことをブッダに知られないように、遠く離れて坐っている弟子もいたという。悟ったことがわかってしまうと遠くにやられてしまうと恐れるほどに、ゴータマ・ブッダは魅力的な人だったにちがいない。

一万人がブッダについて歩いたというが、ブッダ自身は「修行をする人たちよ。私の説法は筏《いかだ》のようなものだと心得なさい」と言った。筏は川を渡るために必要なもの。しかし、川を渡ったあともいつまでも筏をかついでいるのでは荷物になるだけだから、私から離れなさいと説いた。

ブッダはおだやかだし、エキセントリックでもないので、たぶん私たちが会ったら好きになり、離れがたく思うのではないだろうか。しかしブッダは、悟った人はそれをほかの人に伝えなければならないと弟子たちに言わざるを得ない。おまえたちも寂しかろうが、行ってほかの人に伝えてくれと諭した。

十牛図の一連の流れを図にすると「円環」になる。悟りを得たことで自分が中心になるのではなく、それを人に伝えていくことで、ふたたび円環が描かれる。十牛図は自己中心で終わらないところがすばらしい。

39 【千雲万水間《せんうんばんすいのかん》】寄りかからずは何と気分がいいことか──寒山《かんざん》（『新修　中国詩人選集1』）

千《せん》雲《うん》万《ばん》水《すい》の間《かん》
中《なか》に一《ひとり》の閑《かん》士《し》あり
白《はく》日《じつ》には青《せい》山《ざん》に遊《あそ》び
夜《よる》は巌《がん》下《か》に帰《かえ》って睡《ねむ》る
倏《しゅく》爾《じ》として春《しゅん》秋《じゅう》を過《わた》り
寂《せき》然《ぜん》として塵《じん》累《るい》なし
快《こころ》よき哉《かな》　何《なん》の依《よ》る所《ところ》ぞ
静《しず》かなること秋《しゅう》江《こう》の水《みず》の若《ごと》し

千層にも重なった雲、万条にも流れる川のある寒山に、
ひとり閑《のび》やかに住む人がいる。
昼は青い山々に遊び、
夜は帰って岩の下で眠る。
こうしてまたたくまに歳月は過ぎ去っていくが、
心は静寂で、人の世のわずらいを絶っている。
なんと快いことだろう、頼るもののない自由さは。
心はまるで、秋の大河の水のように静かである。

中国・唐代の隠者であり詩人である寒山の確かな伝記は不明だが、入矢義高氏は「寒山は禅僧ではない。そもそも彼は、職業的な僧侶であることを嫌ったし、そういう坊主を執拗なまでに罵倒している。彼はあくまで自由人、自然人であることを欲した。（中略）彼はそのような詩においてさえ、みずからを禅の宣教者として呈示してはいない。彼はただ『私はこう生きている』と言うのみなのである」（『増補 求道と悦楽 中国の禅と詩』）と書いている。

「自由人」「自然人」たらんとした寒山。自然の中にたゆたい、日がな一日山で遊び、岩の下で眠る。このイメージは、今は都市化された日本ではあるが日本人には気分的にわかる。会社ではやらなければならないことがたくさんある。期待に応えなければというプレッシャーもある。せめて週末は山に登ったり、ガーデニングをするという人も少なくない。「寒山的な気分」を味わって心を回復させ、禅的な自由さに遊び、そしてまた月曜日から働く。働く環境が悪い、上司がだめだと他のせいにしない、よりかかることのない「自立」のあり方だ。鈴木大拙によると、「天地自然の原理そのものが、他からの何らの指図もなく、制裁もなく、自《おのず》から出るままの働き」を「自由」という。自由＝自《お》ずから立つ＝自立だ。

茨木のり子さんは「倚《よ》りかからず」という詩を書いている。「もはや／できあいの思想には倚りかかりたくない／もはや／できあいの宗教には倚りかかりたくない／もはや／できあいの学問には倚りかかりたくない／もはや／いかなる権威にも倚りかかりたくはない／ながく生きて／心底学んだのはそれぐらい／じぶんの耳目／じぶんの二本足のみで立っていて／なに不都合のことやある／倚りかかるとすれば／それは／椅子の背もたれだけ」（『茨木のり子集 言の葉』）。自立の快さを詠って小気味いい。

40 【氷水《ひょうすい》】生も死もそのままに美しい——寒山

（『新修　中国詩人選集1』）

生死《せいし》の譬《たと》えを識《し》らんと欲《ほっ》せば
且《しば》らく氷水《ひょうすい》を将《も》って比《たと》えん
水《みず》結《むす》ぼるれば即《すな》わち氷《こおり》と成《な》り
氷《こおり》消《と》くれば返《かえ》って水《みず》と成《な》る
已《すで》に死《し》すれば必《かな》らず応《まさ》に生《うま》るべく
出《い》で生《う》まるれば還《かえ》って復《ま》た死《し》す
氷《こおり》と水《みず》と相《あ》い傷《そこ》なわず
生《せい》と死《し》と還《ま》た双《ふたつ》ながら美《よ》し

生と死のたとえを知りたいというなら、
氷と水にたとえてみることにしよう。
水は凝結すると氷になり、
氷は融ければ水に還元する。
それと同じように、死んでしまうと必ず生まれ変わるものであり、
生まれ出ると死ぬものである。
しかし氷と水は相手を損なうことはない。
それと同じく生と死は両者相並んで善いものなのである。

水が凍れば氷となり、氷が融ければ水となる。氷と水は互いに否定し合うことがないように、生と死も対立し合うものではなく、それぞれがそのままに美しいのだから、生を悪《にく》んだり、死を畏れることは意味がないと詠んでいる。道元も以下に同じようなことを説いている。

「**薪《たきぎ》は灰となる。だが、灰はもとに戻って薪にはなれない。それなのに、灰は後《あと》、薪は前《さき》と見るべきではない。知るがいい、薪は薪として先があり、後がある。前後はあるけれども、その前後は断ち切れている。灰もまた灰としてあり、後があり先がある。だが、薪は灰になったのち、ふたたび薪にはならない。それと同じように、人は死んだのち、もう一度生きることはできない。だから、生が死になると言わないのが、仏法の定めるところである。このゆえに不生《ふしょう》と言う。死が生にならないとするのも、仏法の定めるところである。このゆえに不滅と言う。生は一時のあり方であり、死もまた一時のあり方である。たとえば、冬と春のごとくである。冬が春になるとも思わず、春が夏になるとも言わないのである**」

薪には灰の要素があり、灰には薪の要素がある。春が夏に変わったのではなく、春は春だし、夏は夏だ。二つを完全に分けることはできないし、否定し合うこともない。氷（生）と水（死）は形を変えるけれども、異なるものではない。ここまでが生で、ここからが死というふうに、生と死をまったく別物であるととらえると、死をもってすべてがなくなってしまう感じがして、寂しく思う。

しかし、生は絶対的なものではなく、たまたま自然の一部として一時のあいだ動いているものにすぎない。死んだのちに自然に還るとすれば、自然の中にいることになる。そう考えれば、生も死も大きな差はない。こうした認識は死の恐怖を和らげてくれる。

41

【欲弁已忘言《べんぜんとほっしてすでにげんをわする》】言葉などどうでもよい──陶淵明《とうえんめい》

（『新修　中国詩人選集1』）

廬《ろ》を結《むす》びて人境《じんきょう》に在《あ》り
而《し》かも車馬《しゃば》の喧《かまびす》しきなし
君《きみ》に問《と》う　何《なん》ぞ能《よ》く爾《しか》るやと
心《こころ》遠《とお》ければ地《ち》も自《お》のずから偏《へん》なり
菊《きく》を采《と》る　東籬《とうり》の下《もと》
悠然《ゆうぜん》として南山《なんざん》を見《み》る
山気《さんき》　日夕《にっせき》に佳《よ》く
飛鳥《ひちょう》　相《あ》い与《とも》に還《かえ》る

小さな庵を結んで人里に住んでいるが、
役人どもの車馬の音にわずらわされることはない。
どうしてそうしていられるかと問われるが、
心が俗事を離れていればおのずから僻地にいるかのような境地に達するものだ。
東側の垣根の下で菊の花を採り、
悠然として南山を見れば、
山の気配は朝な夕なに良く、
鳥どもがねぐらへと帰っていく。

此《こ》の中《うち》に真意《しんい》有《あ》り
弁《べん》ぜんと欲《ほっ》して已《すで》に言《げん》を忘《わす》る

この中にこそ人間のあるべき真の姿がある。そのことを言葉にしようとしたが、もうそんなことはどうでもよい。

（陶淵明＝三六五〜四二七。中国・六朝時代の東晋の詩人）

陶淵明の詩のなかでもっとも知られるものの一つ。わずらわしい役人生活を辞め、自然を相手に悠々自適の生活を送る。人里近くにあっても、心持ちしだいで、僻遠《へきえん》の地にいるかのような心境になれる。この悠々たる境地に遊ぶことができたなら、言葉などどうでもよい。そんな境地が伝わってくる。

人間の真の姿とは何かは、頭で考えてもなかなかわからないが、自然の中に身を置いたとき、本来の姿があぶり出しのように浮かびあがってくるときがある。そして、本来の姿だとわかったときには、どう言葉にするかということさえも忘れてしまう。

陶淵明は日本でも非常に人気のある詩人だ。その人気の一因が自然の中に心を遊ばせるという彼の態度にある。俗事から離れて自然の中に心を遊ばせて心を養い、心を回復させるというあり方が日本人にしっくりくるのだろう。この精神のあり方はまさに禅の境地だ。日本人は陶淵明の詩を通じて禅の境地にふれ、心の財産とした。

42

【無事於心《しんにことなく》　無心於事《ことにしんなし》】心にはからいを持つな——徳山《とくざん》

（『景徳伝灯録』）

心《しん》に事《こと》無《な》く、事《こと》に心《しん》無《な》し。

——心に事なかれ、事に心なかれ。

（徳山＝七八〇～八六五。中国・唐代の禅僧）

長野県安曇野《あずみの》市にある哲学者・西田幾多郎《きたろう》の碑文には、「無事於心無心於事　物となって考へ物となって行ふ」と刻まれている。

西田幾多郎は「己《おのれ》を空《むな》しくして物の真実に徹し行くことは日本精神の神髄である。所謂《いわゆる》無心とか、自然法爾《ほうに》とか柔軟心とかいふ我々日本人の強い憧憬《しょうけい》の境地もここにある。人間そのものの底に人間を越えたもの、それが『事に徹する』といふことであって、事実が事実自身を限定する事々無礙《むげ》の立場はどこまでも『物となって見、物となって考へ、物となって行ふ』ところになければならない。即ち徳山の『無事於心無心於事《しんにことなくことにしんなし》』である」と説いている。

鈴木大拙は「心に事なかれとはぼんやりして、ただ木石のようなものかというと、手を動かし足を動かすということがあるのです。一晩明ければ挨拶《あいさつ》もする、御飯も食べる、或は喧嘩《けんか》もするかもしれぬが、その事において心なしで、こうしたら、こういう功徳があるだろうとか、こういう能率があがるだろうとか、こういううまい具合に行ったとか、そういうことは何もない。心になんらのはからいがないのが、実際に仕事をやる時に無心であれということです」（『無心ということ』）と説いている。

フランスの哲学者メルロ＝ポンティは、木を見ているときは木からも見られているように、「見る」と「見られる」は一体と説いた。たしかに、たとえば画家が作画に集中しているときは、対象が外側にあるというよりも、対象の側から見ていて、さらに見ているという行為さえないということが起こるという。芭蕉の言う「松の事は松に習え」（一九八頁を参照）に通じるものがある。

43

【喫飯来《きっぱんらい》】ご飯ができたぞ、ありがたい、ありがたい——金牛《きんぎゅう》

（『碧巌録』）

（金牛和尚は、昼飯のたびに、飯びつを持って僧堂の前で舞い、ハッハッハッハと大笑いして言った）

菩《ぼ》薩《さつ》子《し》、飯《はん》を喫《きっ》し来《き》たれ。

——坊さんたちよ、ご飯ができたぞ、さあさあ、お上がり、お上がり。

（金牛＝生没年未詳。唐代の生まれとされる）

金牛和尚は昼食の時間になると、修行を積んでいる坊さん（菩薩子）たちがいる食堂の前におはちを抱えて行って、踊って呵々大笑し、「ご飯ができたぞ、さあさあ、お上がり、お上がり」ということを二十年もつづけたという。

禅宗では「腹がすいたら飯を食い、眠くなれば眠るという自然体の生活をせよ」と説くが、ご飯を食べるというのは、まさに日常茶飯事のこと。めでたい日には赤飯を炊いて祝うが、金牛は毎日の食事ごとに、ありがたい、ありがたい、さあお上がり、お上がりと言った。毎日の飯を赤飯のようにめでたいとありがたがる金牛は、本当にありがたさに徹していた。

昼飯のたびにこんなふうに無心にやれるというのは、悟りの境地にいるから、なんということもない日常のことにも愉しんでいられるのだろう。しかも、ほかの人も愉しませる。金牛の踊る姿、大笑いする姿、そして「ご飯ができたぞ、さあさあ、お上がり、お上がり」と勧める姿に、坊さんたちはさぞかし毎日の昼食が愉しかったにちがいない。

言葉でありがたさを伝えるだけでなく、飯びつを持って踊り、大笑いをする姿が、愉しさに輪をかけてなんとも言えない明るさをかもしだしている。お母さんでもお父さんでも、ご飯ができたら、子どもにこのセリフのように声がけしたら、ご飯がいっそうおいしくなるだろう。これも立派な禅の心持ちだ。

無心に目の前のことに喜ぶというのは、食事に限らず、生活全般にわたって言える。何事にも「ありがたい、ありがたい」と念仏のように唱えてみたら、日常の生活が変わるはずだ。

44

【空手把鋤頭《くうしゅにしてじょとうをとる》】対象と一体になれ——善慧大士《ぜんねだいし》

（『碧巌録』）

空《くう》手《しゅ》にして鋤《じょ》頭《とう》を把《と》り、歩《ほ》行《こう》して水《すい》牛《ぎゅう》に騎《の》る。
人《ひと》、橋《きょう》上《じょう》より過《す》ぐれば、橋《はし》は流《なが》れて水《みず》は流《なが》れず。

鋤《くわ》で畑を耕しているが手には何も持っておらず、水牛にゆったりと乗っていながら歩いている。人が橋の上を歩いているが、橋下の水が流れないで、人が渡っている橋が流れる。

（善慧大士＝傅《ふ》大士。四九七〜五六九。中国・南梁時代の在俗の禅僧）

善慧大士は独り山中の庵《いおり》に住み、昼間は村に出て村人に雇われて仕事をし、晩になると庵に帰って、坐禅・看経《かんきん》（経文を読むこと）に励んでいた。そのときの心境がうたわれている。

鋤をとって無心に畑を耕しているうちに、いつのまにか鋤を握っていることを忘れ、耕しているという意識さえなくなり、「我」と「鋤」が一つになった。一日の仕事が終わり、牛の背中にゆられながら家路につくとき、心地よい疲れもあいまって牛が歩いているのか自分が歩いているのか、「我」と「牛」が一体になった。家路の途中に谷川があり、その流れをじっと見つめていると、いつのまにか自分がそこに溶け込んでしまい、「我」と「川」が一体になり、橋が流れているかのように感じた。善慧大士は豊かな自然に自分が溶け込んだ心地よさを思う存分味わっていた。

私たちは、地球が動いているのに、太陽が動いていると思うことがある。これと同じで、橋が流れるわけはないが、川のほうから見ると橋が動いているというふうに考えられなくもない。

手慣れた仕事で反復が多くなると、自分とその行為とが一体化し、自分という存在を忘れてしまうという状態になることがある。たとえば、スーパーマーケットのレジで、すごい速さでバーコードを読み取っているスタッフがいるというとき、その人はその行為だけに没入している状態にある。あたかも自動機械になったかのように思えるが、じつは覚醒して集中した状態にある。こうした状態は禅の境地に通じるものがある。

45

【柳緑花紅《りゅうろくかこう》】それぞれが自分の色を持っていてよし――蘇東坡《そとうば》（『東坡禅喜集《とうばぜんきしゅう》』）

（蘇東坡は春の景色を詠じた）

柳《やなぎ》は緑《みどり》、花《はな》は紅《くれない》、真《しん》面《めん》目《もく》

――柳は緑、花は紅、自己顕示することなく、ただ本来のありのままの姿でいる。

（蘇東坡＝蘇軾《そしょく》。一〇三七～一一〇一。中国・宋代の政治家、詩人、書家）

柳が新緑の枝を垂らし、花が紅に咲き誇っている。大昔からくり返されてきた春の景色。ただそれだけのことに蘇東坡は「**真面目**」と感動した。真面目とは「本来の姿・ありさま」のことで、転じて「真価」という意味がある。

春の定番であり象徴である柳は緑、花は紅を、ありのままに受けとめ、そこに真価を見いだす。蘇東坡があえて「真面目」と詠んだのは、人は往々にして先入観や固定観念から対象に真価を見いだせずにいる。だから、心をまっさらにして見てみようではないかということだ。これは「禅」の心そのものだ。一休禅師も「**見るほどにみなそのままの姿かな柳は緑花は紅**」と詠んでいる。

ところが禅の言葉には「**花は紅にあらず、柳は緑にあらず**」というものもある。これは、柳は緑、花は紅ということを一度疑ってみよ。そうしてはじめて花は紅、柳は緑であり得るとする。絵を描くときに、決まりきったように花を赤に塗り、葉っぱを緑に塗ると、なんともへたな絵になってしまう。「花は紅にあらず、柳は緑にあらず」は、そうした先入観をまじえずに、本当の姿を見いだすようにせよと説いているわけで、行き着く先は「**柳は緑、花は紅**」と同じことになる。否定することで肯定になるところが禅らしさだ。

ルノワールはひたすら若い女性の輝く肌を描きつづけた。彼にとって美とは、女性の肌の輝きだった。セザンヌは南仏のサント・ヴィクトワール山の絵を九十点近く描いた。モネは睡蓮の絵を何点も描いた。彼らが飽かずに一つの対象に向き合ったのは、それらが彼らにとって本質であり、その真実の姿を見いだして絵に表したいという思いは、彼らの感受性と技法を磨くことにつながった。

46

【莫妄想《まくもうぞう》】くだらないことを考えるな――無業《むごう》

（『景徳伝灯録』）

妄《もう》想《ぞう》する莫《なか》れ。

よけいな妄想にとらわれるな。くだらぬことを考えるな。

（無業＝七六〇～八二一。中国・唐代の禅僧）

無業は一生涯、何を尋ねられても「**莫妄想**（妄想にとらわれるな）」の一点張りで通し、妄想を断ち切れば悟りの境地に入ることができると説いた。妄想とは現実から離れた「あらぬ思い」あるいは「思わなくてもいい思い」のことだが、「妄想」を「イメージ」と言い換えると、イマジネーションをまったく排除してしまうと、世の中を愉しめないということにもなりかねない。かといって、イメージをふくらませすぎると、現実を取り逃がしたり、ネガティブな感情に襲われることにもなりかねない。妄想とイメージのバランスのとり方は、現代社会の問題の大きな原因にもなっている。この人はいい人だ悪い人だと頭から決めてかかるというのはある種の妄想だが、そこにとらわれると、そういう目でしか人を見られなくなる。そんなときには、その人のありのままの姿に目を向けるようにする。これが無業が言おうとした「莫妄想」ということなのだろう。

大学生に教えていて近ごろ感じるのは、彼らがリアルな世界が苦手になっていることだ。私の授業を受けて、「ようやく二次元（架空）の世界から脱出できそうです」「人生で初めて三次元（現実）に行けて、二次元から三次元ってすごい変化だ」と言う学生もいた。二次元の世界が悪いとは言わないが、架空（妄想）の世界だけに身を置くと、恋愛など現実のことに踏み出せなくなる。「病気が人を殺すのではなく、妄想が人を食い殺すのだ」と言った白隠《はくいん》禅師（江戸中期の臨済宗の禅僧）は、地獄というのは妄想にすぎないと悟って、ノイローゼから脱出できたという。「**妄想するなかれ**」を、よけいな考えにとらわれずに、目の前のことを一心不乱にやり抜け。心配や反省をするのはいいが、努力したのなら、あれこれ悩むなというふうに解釈すると、「妄想するなかれ」を小学校のときから教えていいと私は考える。

47 【磨作鏡《まさきょう》】形にとらわれるな――南嶽《なんがく》

（『景徳伝灯録』）

（馬祖《ばそ》が師の南嶽禅師に質問した）

「師《し》、什麼《なに》をか作《な》す」

「磨《ま》して鏡《かがみ》と作《な》さん」

「塼《せん》（瓦《かわら》）を磨《ま》するも豈《あ》に鏡《かがみ》と成《な》すことを得《え》んや」

「坐禅《ざぜん》するも豈《あ》に仏《ほとけ》と成《な》るを得《え》んや」

「如何《いか》なるか即《すなわ》ち是《これ》なる」

「人《ひと》の駕《が》するが如《ごと》し。車行《くるまい》かずんば、車《くるま》を打《う》つが即《すなわ》ち是《これ》なるや、牛《うし》を打《う》つが即《すなわ》ち是《これ》なるや」

（馬祖道一《どういつ》＝七〇七～七八六。中国・唐代の禅僧）
（南嶽懐譲《えじょう》。六七七～七四四。中国・唐代の禅僧）

馬祖「師よ、何をしているのですか?」。南嶽「**瓦を磨いて鏡にしようと思ってな**」。馬祖「瓦を磨いて鏡になるわけがないではないですか」。南嶽「そうかもしれぬが、いくら坐禅という磨きをかけたところで仏になるわけがなかろう」。馬祖「では、どうすればよいですか」。南嶽「人が牛車《ぎっしゃ》に乗るようなものだ。車が動かなくなったとき、人は車を打つのがよいか、それとも車を引く牛を打つのがよいか」

南嶽懐譲は中国・唐代の禅僧で、六祖・慧能《えのう》の弟子。馬祖道一は南嶽の弟子。南嶽は、仏になろうと坐禅の修行に打ち込む馬祖に、おまえのしていることは瓦を磨いて鏡にしようとするのと同じだと戒めた。しかし、馬祖はその意味が理解できない。そこで、牛車が走らないとき、車にムチを入れるか、牛にムチを入れるかと問うた。南嶽は、おまえがしていることは本当なら牛にムチを入れなければならないのに車にムチを入れているようなものだと、見当違いをしていることに気づかせようとした。

しかし馬祖はまだ理解できないでいる。そこで南嶽は「**おまえは坐っている仏をまねたいのか、それとも坐禅を習いたいのか。坐禅を学ぶというなら、禅が坐だの臥だのという特定の型にはまったものではないことを肝に銘じよ。自らを仏の形に坐らせることは、その仏を殺すことだ。坐る姿勢に執着すれば、真理には到達できない**」と説いた。坐禅は釈尊以来、悟りに至る手段として仏道の修行者によって実践されてきた。馬祖も坐禅をすれば仏になれる（悟りに到達する）と考えた。しかしそのように考えることは、仏になるには坐禅をしなければならないという固定観念を生み、坐禅への執着を生むことになった。

48

【船《ふね》を空《から》に】すーっと心を落としてみなさい——法句経《ほっくぎょう》

比丘《びく》よ、この船《ふね》を空《から》にせよ、
汝《なんじ》この船《ふね》を空《から》にせば、そは早《はや》く走《はし》らん。
貪《むさぼ》りと憎《にく》しみとを断《た》ち切《き》り、
もって涅《ね》槃《はん》へと汝《なんじ》は赴《おもむ》かん。

（『禅』鈴木大拙）

法句経（釈迦の語録の形式をとった経）には「比丘《びく》よ／この船より／水を汲《く》むべし／汲まば／汝の船は／軽く走らん／貪《むさぼり》と瞋《いかり》を断たば／爾《なんじ》は早く／涅槃《さとり》にいたらん」という一節（第三六九）がある。

右頁のものはこの一節の漢文を、日本の禅文化を海外に広く知らしめた仏教学者・鈴木大拙が読み下したもの（英文）の日本語訳である（工藤澄子訳）。

船を空にすれば、つまり貪りや憎しみを断ち切れば、涅槃に易々《やすやす》と至ると説いたブッダ。サンスクリット語で「ニルヴァーナ」と表記される「涅槃」は、あらゆる煩悩が消滅し、苦しみを離れた安らぎの境地であり、悟りの世界。どうしたらそこに行けるか。それには「船を空《から》にする」ことだと言う。船を空にせよという比喩はとてもいいイメージだ。

なぜ船が重くなって速度が落ちてしまっているのか。それは、求めてやまない貪りの心、憎しみなどの感情で重くなっているからだ。そんな自縄自縛を断ち切って、心を空にしていけば、すーっとニルヴァーナに行き着けると言われると、尊い言葉に感じる。

貪り求める心や憎しみの感情を落としてみたら、何の焦りもなかった。これまで何を焦っていたんだろう、なぜあんなに嫉妬していたんだろう。何だろう何なのだろうと不思議に思えば思うほどに、いながらにして涅槃の境地に近づいていることになる。

49 【至道無難《しいどうぶなん》】選り好みさえしなければよいのだ——僧璨《そうさん》（『信心銘《しんじんめい》』）

至道無難《しいどうぶなん》、唯《た》だ揀択《けんじゃく》を嫌《きら》う。
但《た》だ憎愛莫《ぞうあいな》ければ、洞然《とうねん》として明白《めいはく》なり。
毫釐《ごうり》も差《さ》有《あ》れば、天地《てんち》懸《はる》かに隔《へだ》たる。
現前《げんぜん》せんと欲得《ほっ》すれば、順逆《じゅんぎゃく》を存《そん》すること莫《なか》れ。
違順相《いじゅんあ》い争《あらそ》う、是《これ》を心病《しんびょう》と為《な》す。
玄旨《げんし》を識《し》らざれば、徒《いたず》らに念静《ねんじょう》に労《ろう》す。

大いなる道に至るのはむずかしくない。選り好みをしなければよいだけだ。

愛することも憎むこともなければ、すべてははっきりと明らかになる。

だが、わずかでも分別すれば、天と地ほどにも仏道からかけ離れてしまう。

真理を見たいと願うなら、順《したが》う、逆《さか》らうという見解を抱いてはならない。

好き嫌いの葛藤、これが心の病にほかならない。

物事の本質がわからないうちは、心の平安はいたずらに乱される。

円《まどか》なること大虚《たいきょ》に同《おな》じ、欠《か》くること無《な》く余《あま》ること無《な》し。

良《まこと》に取捨《しゅしゃ》に由《よ》る、所以《ゆえ》に不如《ふにょ》なり。

有縁《うえん》を逐《お》うこと莫《なか》れ、空忍《くうにん》に住《じゅう》することと勿《なか》れ。

一種平懐《いっしゅへいかい》なれば、泯然《みんねん》として自《おのず》から尽《つ》く。

心《しん》動《うご》いて止《し》に帰《き》すれば、止《し》更《さら》に弥《いよいよ》動《どう》ず。


道は大空のようにまどかで、欠けたところも、余分なところもない。

ただ選り好みをするばかりに、物事の本質を見極められないだけだ。

外界に巻き込まれてはならない、空《くう》という考えにもとらわれてはならない。

一《いっ》なる境地に帰して、ただ静かにしていなさい。そうすれば誤った見解はひとりでに消え去る。

静寂を得ようとして行動を抑えてみても、その努力がさらなる活動をもたらす。

唯《た》だ両辺《りょうへん》に滞《とどこお》る、寧《なん》ぞ一種《いっしゅ》を知《し》らんや。
一種《いっしゅ》通《つう》ぜざれば、両処《りょうしょ》に功《こう》を失《うしな》う。
有《う》を遣《や》れば有《う》を没《もっ》し、空《くう》に従《したが》えば空《くう》に背《そむ》く。
多言《たごん》多慮《たりょ》、転《うた》た相応《そうおう》せず。
絶言《ぜつごん》絶慮《ぜつりょ》、処《ところ》として通《つう》ぜざる無《な》し。

一《いっ》なる対極の一方を選んでとどまるかぎり、一なるものを知ることはできない。

一なるところに達しなければ、動静、正否ともにその自由な働きを失う。

物事の実在を否定すれば、その真実を見失い、空《くう》の概念にしがみつけば空の原理を見失う。

話せば話すほど、考えれば考えるほど、ますます真理から遠ざかるばかり。

語りかつ考えることをやめなさい。そうすれば知り得ないものは何もない。

根《こん》に帰《き》すれば旨《し》を得《え》、照《しょう》に随《したが》えば宗《しゅう》を失《しっ》す。
須臾《しゅゆ》も返照《へんしょう》すれば、前空《ぜんくう》に勝却《しょうきゃく》す。
前空《ぜんくう》の転変《てんぺん》は、皆《み》な妄見《もうけん》に由《よ》る。
真《しん》を求《もと》むることを用《もち》いず、唯《た》だ須《すべか》らく見《けん》を息《や》むべし。
二見《にけん》に住《じゅう》せず、慎《つつし》んで追尋《ついじん》すること莫《なか》れ。

根本に立ちもどれば本質を会得するが、見かけを追えば本質を見失う。
外に向かって求める心を内に向ければ、見かけも空《くう》もともに超越される。
空なる世界に現れる見かけの変化を無知ゆえに実在と呼ぶ。
真理を求めるには及ばない。ただ君の考えを停止させればよい。
相対の考えに腰をすえてはならない。夢々そんなものを追い求めるのではないぞ。

才《わず》かに是非《ぜひ》有《あ》れば、紛然《ふんねん》として心《しん》を失《しっ》す。二《に》は一《いつ》に由《よ》って有《あ》り、一《いつ》も亦《また》守《まも》ること莫《なか》れ。

一心《いっしん》生《しょう》ぜざれば、万法《ばんぽう》咎無《とがな》し。咎無《とがな》ければ法無《ほうな》し、生《しょう》ぜざれば心《しん》ならず。能《のう》は境《きょう》に随《したが》って滅《めっ》し、境《きょう》は能《のう》を逐《お》って沈《しず》む。

すこしでも善し悪しの考えが現れたとたん、入り乱れて本心を見失うのだ。

相対は絶対から出てくるものだが、絶対をも固守してはならない。

心が生じなければ、世界が背くことはない。

世界が背くことがなければ、すべてはあるがままだ。分別心が起こらなければ、心は存在をやめる。

主体である心が消えれば対象も消えるように、想いの対象が消えれば想う主体も消え去る。

境《きょう》は能《のう》に由《よっ》て境《きょう》たり、能《のう》は境《きょう》に由《よっ》て能《のう》たり。
両段《りょうだん》を知《し》らんと欲《ほっ》せば、元是《もとこ》れ一空《いっくう》。
一空《いっくう》は両《りょう》に同《おな》じ、斉《ひと》しく万象《ばんしょう》を含《ふく》む。
精麁《せいそ》を見《み》ず、寧《なん》ぞ偏党《へんとう》有《あ》らんや。
大道《たいどう》は体寛《たいひろ》く、易《い》無《な》く難《なん》無《な》し。
小見《しょうけん》は狐疑《こぎ》す、転《うた》た急《きゅう》なれば転《うた》た遅《おそ》し。

物事は主体（心）が存在するために対象となる。心は物事があるために心としてある。

その二つの相関関係を理解しなさい。その根底にある実在は一つの空《くう》なのだ。

この空は相対を排斥せず、すべての存在を差別のままに包みこむ。

粗雑と精緻の差もないのに、どうして一方だけの偏りが認められようか。

大いなる道はそれ自体が広々としていて、歩きやすいとも、困難だとかいうこともない。

だが、考えの小さい人は小さいことを心配して、道を急げば急ぐほど、いよいよ道が遠くなる。

之《これ》を執《しゅう》すれば度《ど》を失《しっ》し、必《かなら》ず邪路《じゃろ》に入《い》る。
之《これ》を放《はな》てば自然《じねん》にして、体《たい》に去住《こじゅう》無《な》し。
性《しょう》に任《まか》せて道《どう》に合《ごう》し、逍遥《しょうよう》として悩《のう》を絶《ぜっ》す。
繋念《けねん》すれば真《しん》に乖《そむ》き、昏沈《こんちん》して不好《ふこう》なり。
不好《ふこう》なれば神《しん》を労《ろう》す、何《なん》ぞ疎親《そしん》を用《もち》いん。

真理に執着すれば度を失い、悟りの概念にさえとらわれて道に迷う。

すべてを放せば、もともと自然で、道そのものは行くことも住《とど》まることもない。

あるがままにまかせなさい。そうすれば悠々自適に歩いて何の悩みもなくなる。

心を一つの対象にくくりつけると真理にはぐれ、心が沈みこんで自由を得ない。

有念も無念もいたずらに精神を疲れさせるばかり。そのどちらに近づいても遠ざけてもならない。

一乗《いちじょう》を取《と》らんと欲《ほっ》せば、六塵《ろくじん》を悪《にく》むこと勿《なか》れ。

六塵《ろくじん》を悪《にく》まざれば、還《かえ》って正覚《しょうがく》に同《おな》じ。

智者《ちしゃ》は無為《むい》なり、愚人《ぐにん》は自縛《じばく》す。

法《ほう》に異法《いほう》無《な》し、妄《みだ》りに自《みずか》ら愛著《あいじゃく》す。

心《しん》を将《も》って心《しん》を用《もち》う、豈《あ》に大錯《たいしゃく》に非《あら》ずや。

迷《まよ》えば寂乱《じゃくらん》を生《しょう》じ、悟《さと》れば好悪《こうお》無《な》し。


同じ一つのもの（一《いっ》なるもの）を求めるなら、六官の対象にさからってはならない。

六官の対象にさからわなければ、もともと真の悟りと変わりはないのだ。

智者はことさら何もしない。愚者は目的を求めるがゆえに自分の縄で自分を縛っている。

法（存在・現象）は一つであって多数ではないのに、人は愛着から区別をつけたがる。

自分の心をもって自分を使うことは、とんでもない間違いではないか。

迷えば安心や不安が生じ、悟れば好きも嫌いもなくなる。

一切《いっさい》の二辺《にへん》は、浪《みだ》りに自《みずか》ら斟酌《しんしゃく》す。
夢幻虚華《むげんこけ》、何《なん》ぞ把捉《はそく》を労《ろう》せん。
得失是非《とくしつぜひ》、一時《いちじ》に放却《ほうきゃく》す。
眼《まなこ》若《も》し睡《ねむ》らざれば、諸夢《しょむ》自《おのず》から除《のぞ》く。
心《しん》若《も》し異《い》ならざれば、万法《ばんぽう》一如《いちにょ》なり、
一如体玄《いちにょたいげん》なれば、兀爾《こつじ》として縁《えん》を忘《ぼう》ず。

すべての二元対立的なるものは、すべてわけもなく自分中心の分別から生じる。

（そのような二極は）夢まぼろし、ありもしない花であって、つかもうとするだけ愚かなことだ。

得も失も、是も非も、すべていっぺんに放り出してしまいなさい。

もし心眼が眠らなければ、すべての夢はやむ。

心が分別しなければ、存在は一《いっ》なるものとしてあるがままにある。

あるがままに一つであるその本体は不可思議で、ごろんとしていて手がかりがない。

万《ばん》法《ぽう》斉《ひと》しく観《かん》ずれば、帰《き》復《ぶく》自《じ》然《ねん》なり。
その所以《ゆえ》を泯《みん》じて、方《ほう》比《ひ》すべからず。
動《どう》を止《や》むれば動《どう》無《な》く、止《し》を動《どう》ずれば止《し》無《な》し。
両《ふた》つながら既《すで》に成《な》らずんば、一《いっ》何《なん》ぞ爾《しか》ること有《あ》らん。
究《く》竟《ぎょう》窮《ぐ》極《ごく》、軌《き》則《そく》を存《そん》せず。

そこでは千差万別の存在が平等に見られて、あるがままの自然の状態に帰りつく。
原因も関係性もない状態にあっては、何もくらべることもできない。
動を静と見なし、静の中に動を見なさい。すると動も静も消え去る。
二元性が存在しない以上は、一なるものもありえない。
この究極の境地には、どんな法も描写も当てはまらない。

心《しん》の平等《びょうどう》に契《かな》えば、所作《しょさ》倶《とも》に息《や》む。

狐疑《こぎ》尽《ことごと》く浄《つ》きて、正信調直《しょうしんちょうじき》なり。

一切《いっさい》留《とど》めず、記憶《きおく》すべき無《な》し。

虚明《こめい》自《おのず》から照《しょう》して、心力《しんりき》を労《ろう》せず。

非思量《ひしりょう》の処《ところ》、識情《しきじょう》測《はか》り難《がた》し。

真如法界《しんにょほうかい》は、他《た》無《な》く自《じ》無《な》し。

急《きゅう》に相応《そうおう》せんと要《よう》せば、唯《た》だ不二《ふに》と言《い》う。


道と一つになった平等な心に、自己中心的なはからいはない。

疑いも恐れも消え、真理を信頼して生きるのだ。

束縛を一撃で断ち切り自由になれば、印象はとどまらず、記憶すべきこともない。すべては空《くう》、明らかにしておのずと輝き、心を用いることもない。

思慮分別を超えたその世界は知識や情意で推し量ることができない。

このあるがままの世界には自己もなければ他己もない。

差し迫ってその世界にピタリと当てはまりたいのであれば、ただ不二（相対であるな）と言うばかりだ。

不二《ふに》なれば皆《み》な同《おな》じ、包容《ほうよう》せずということ無《な》し。

十方《じっぽう》の智者《ちしゃ》、皆《み》なこの宗《しゅう》に入《い》る。

宗《しゅう》は促延《そくえん》に非《あら》ず、一念万年《いちねんばんねん》。

在《ざい》と不在《ふざい》と無《な》く、十方《じっぽう》も目前《もくぜん》。

極小《ごくしょう》は大《だい》に同《おな》じ、境界《きょうがい》を忘絶《もうぜつ》す。

極大《ごくだい》は小《しょう》に同《おな》じ、辺表《へんぴょう》を見《み》ず。


相対でないからすべて一つであり、すべてはそこに包みこまれる。

世界中の智者は、誰でもこの根源的真理を体得している。

真理は時間的に延びたりちぢんだりするものではないから、一瞬につかめば万年も変わらない。

ここも空《くう》、そこも空、だが無限の宇宙はつねにあなたの目前にある。

小さい事物を押しつめていくと大きな原理と一つになって、その分かれ目を忘れてしまう。

大きい事物を押しつめていくと小さい原理と一つになって、その終わるところが見えない。

有《う》は即《すなわ》ち是《こ》れ無《む》、無《む》は即《すなわ》ち是《こ》れ有《う》。
若《も》し此《かく》の如《ごと》くならざれば、必《かなら》ず守《まも》ることを須《もち》いず。
一《いっ》は即《すなわ》ち一切《いっさい》、一切《いっさい》は即《すなわ》ち一《いつ》。
但《た》だ能《よ》く是《かく》の如《ごと》くならば、何《なん》ぞ不畢《ふひつ》を慮《おもんぱか》らん。
信心《しんじん》不二《ふに》、不二《ふに》信心《しんじん》。
言語《ごんご》の道《どう》は断《た》え、去来今《こらいこん》に非《あら》ず。

存在がそのまま非存在であり、非存在がそのまま存在だ。
もしそうでなければけっして固執する必要はない。
すべては一つ、一つはすべてだ。
このように悟るなら、未熟や不完全であるなどと思いわずらうこともない。
真理は相対的なものではなく、相対的でないからこそ真理なのだ。
道は言葉の及ぶところではないし、過去・現在・未来というような限定もない。

（僧璨＝?～六〇六。中国・隋代の僧。禅宗三祖）

禅宗の開祖・達磨大師から数えて三代目の祖（三祖）僧璨鑑智《そうさんかんち》禅師が書き記した一四六句、五八四字の漢文からなる詩を「信心銘《しんじんめい》」と言う。鈴木大拙は「堂々たる哲学詩であり、禅旨の大要はこれで尽きている」と評した。「信心銘」には禅の精髄が過不足なく盛り込まれている。

禅では悟りを得ることを至道《しいどう》（「しどう」とも）と言う。至道と書くと、格別の価値のある道と思いがちだが、僧璨は悟りの道は「無難《ぶなん》」、けっしてむずかしい道ではなく、ただ選り好みをしなければ見つけられると説いた。そう言われても、私たちは愛憎、順逆、彼我、自他など相対的にとらえる分別からなかなか抜け出せない。もともと物事に「いい」「悪い」があるわけではないのに、人は自分がつけた区別にとらわれて見方を狭くしてしまう。

僧璨は「本当のことはそれ自体で明らかなのだから、私たちがどうこう考えることもない」「すべてのことはもともと一つなのだから、おのずから本当の姿に帰っていくのである。その理屈などは忘れ、なにものも比較などしてはならない」と、物事を相対的・二元的にとらえる考えを頭の隅に追いやれ、しかし分別しないことに執着するとそこにまた分別が生じるから、分別と無分別を分けることさえも乗り越えよと説いた。

禅語では「**住する**」という表現をよく使う。「信心銘」にも「**空忍《くうにん》に住《じゅう》すること勿《なか》れ**」（空《くう》という考えにもとらわれてはならない）、「**二見《にけん》に住《じゅう》せず**」（相対の考えに腰をすえてはならない）とある。「とどまる」「とらわれる」という意味だが、「住する」と言われると、「どっかりと住み着いてしまっている」というニュアンスが出ていてより実感が湧く。

【「信心銘」漢文】　至道無難　唯嫌揀択／但莫憎愛　洞然明白／毫釐有差　天地懸隔／欲得現前　莫存順逆／違順相争是為心病／不識玄旨　徒労念静／円同大虚　無欠無余／良由取捨　所以不如／莫逐有縁　勿住空忍／一種平懐　泯然自尽／心動帰止　止更弥動／唯滞両辺　寧知一種／一種不通　両処失功／遣有没有　従空背空／多言多慮　転不相応／絶言絶慮　無処不通／帰根得旨　随照失宗／須臾返照　勝却前空／前空転変　皆由妄見／不用求真　唯須息見／二見不住慎莫追尋／才有是非　紛然失心／二由一有　一亦莫守／一心不生　万法無咎／無咎無法　不生不心／能随境滅　境逐能沈／境由能境　能由境能／欲知両段　元是一空／一空同両　斉含万象／不見精麁　寧有偏党／大道体寛　無易無難／小見狐疑　転急転遅／執之失度　必入邪路／放之自然　体無去住／任性合道　逍遥絶悩／繋念乖真　昏沈不好／不好労神何用疎親／欲取一乗　勿悪六塵／六塵不悪　還同正覚／智者無為　愚人自縛／法無異法　妄自愛著／将心用心　豈非大錯／迷生寂乱　悟無好悪／一切二辺　浪自斟酌／夢幻虚華　何労把捉／得失是非　一時放却／眼若不睡　諸夢自除／心若不異　万法一如／一如体玄　兀爾忘縁／万法斉観　帰復自然／泯其所以　不可方比／止動無動　動止無止／両既不成一何有爾／究竟窮極　不存軌則／契心平等　所作倶息／狐疑浄尽　正信調直／一切不留　無可記憶／虚明自照　不労心力／非思量処　識情難測／真如法界　無他無自／要急相応　唯言不二／不二皆同　無不包容／十方智者　皆入此宗／宗非促延　一念万年／無在不在　十方目前／極小同大　忘絶境界／極大同小　不見辺表／有即是無　無即是有／若不如此必不須守／一即一切　一切即一／但能如是　何慮不畢／信心不二　不二信心／言語道断　非去来今

第2部　日本篇

50

【眼横鼻直《がんのうびちょく》】何も持って帰ってきませんでした──道元《どうげん》（『道元禅師語録《どうげんぜんじごろく》』）

眼《がん》横《のう》鼻《び》直《ちょく》なることを認《にん》得《とく》して、人《ひと》に瞞《あざむ》かれず、便《すなわ》ち空《くう》手《しゅ》にして郷《きょう》に還《かえ》る。所以《ゆえ》に一《いち》毫《ごう》も仏《ぶっ》法《ぽう》なし。任《にん》運《ぬん》に且《しばら》く時《とき》を延《の》ぶるのみなり。朝《ちょう》朝《ちょう》日《ひ》は東《ひんがし》より出《い》で、夜《や》夜《や》月《つき》は西《にし》に沈《しず》む。雲《くも》収《おさま》って山《さん》骨《こつ》露《あら》われ、雨《あめ》過《す》ぎて四《し》山《ざん》低《ひく》し。畢《ひっ》竟《きょう》如《い》何《かん》。

（道元＝一二〇〇〜五三。鎌倉時代初期の禅僧。日本における曹洞宗の開祖）

（私はそれほど多くの寺で修行をしてきたわけではない。ただ偶然にも天童《てんどう》禅師（中国・宋代の曹洞宗の禅僧）に会うことができて）**眼は横に、鼻はまっすぐであるというごく当たり前のことを悟り、その他のことに惑わされることがなくなった。そしてお経も何も持たずに手ぶらで帰ってきた。**だから取り立てて仏法などというものは一毫（毛筋一本）も持っていない。ただ、何のはからいもなく自分の思うままに時を過ごしている。看よ、毎朝毎朝、日は東に昇り、毎夜毎夜、月は西に沈む。雲が晴れれば山肌が現れ、雨が通りすぎると、あたりの山々は低い姿を現す。結局どうだというのだ。

幼い子に顔を描いてごらんと言えば、横線二本で目を描き、縦線一本で鼻を描く。道元は、幼児でもわかることを中国に渡って悟り、お経すら持たずに帰ってきた。当時の中国は日本からすれば世界の文化の中心。道元禅師はその国で本場の仏教を学んできたから、どんな教えを説いてくれるのかと集まった人々は期待したが、案に相違して、道元は「**眼横鼻直なる**」ことを悟っただけで、「**空手**」、手ぶらで帰ってきたという。経や儀式などを持ち帰れば、あの人は特別な経を持っている、特別な儀式を身につけて帰ってきたということで自分の価値が上がるにもかかわらず、目は横で鼻はまっすぐという当たり前のことのほかに取り立てて仏法などないと言い切る強さが道元にはある。あるべきものが、あるべきところにあるべきようにそなわっている姿、そこに真実があり、悟りが現前している。しかし、すべてを見るがまま、聞くがまま、あるがままに受け取ることは、簡単なようでむずかしい。

51

【衝天《しょうてん》の志《こころざし》】みずから明らかにせよ――道元

人人《にんにん》尽《ことごと》く衝天《しょうてん》の志《こころざし》あり、如来《にょらい》の行処《ぎょうしょ》に向《む》かって行《ゆ》くことなかれ。

（『道元禅師語録』）

――天をも衝《つ》かんばかりの志気をもって邁進せよ！如来の跡を求めても悟ることはできない。

「**如来の行処に向かって行くことなかれ**（如来の跡を求めても悟ることはできない）」は、如来を切り捨てよと言っているのではなく、如来が明らかにしたことを「自ら明らかにせよ」ということだ。

仏教学者の中村元氏によれば、如来《タターガタ》とは「そのように行きし者」「あのように立派な行いをした人」で、「修行完成者」を意味するという。修行を完成したすぐれた人がいると、ついついその人に付き従おうとする。しかし、成功者の真似をしても成功することはできないように、一人ひとりが天を思い切り衝くほどの気力を持って歩まなければ、道をひらくことはできないと道元は説いた。

福沢諭吉は「独立自尊」の精神を説いた。「独立とは、自分にて自分の身を支配し、他に依《よ》りすがる心なきをいふ」（『学問のすゝめ』）。近代人に求められるのは、自分で考え、自分で行動し、他人に頼らない精神を持つことだと説いた。

福沢はなぜ「独立自尊」の精神を説いたのか。「独立の気力なき者は、必ず人に依頼す。人に依頼する者は、必ず人を恐る。人を恐るる者は、必ず人に諛《へつら》ふものなり。常に人を恐れ人に諛ふ者は、次第にこれに慣れ、その面《つら》の皮鉄のごとくなりて、恥づべきを恥ぢず、論ずべきを論ぜず、人をさへ見れば、ただ腰を屈するのみ」（前掲）だからだという。

このメッセージは明治の初期のことだから、一人ひとりが国を背負う気概がないと、外国に侵略されてしまうということから、独立は非常に切実なものだった。国家の独立というのは個人の独立があってのもの。福沢が説いた人に依り頼んだりへつらったりすることのない気概と、道元が説いた天を衝く志、誰をも何をも恐れずわが道を行くという気概は一脈通じるものがある。

52 【行雲流水《こううんりゅうすい》】心を洗い流せ——道元

君《きみ》見《み》ずや高《こう》高《こう》たる山《さん》上《じょう》の雲《くも》、自《おのずか》ら巻《ま》き自《おのずか》ら舒《の》ぶ。

滔《とう》滔《とう》たる澗《かん》下《か》の水《みず》、曲《きょく》に随《したが》い直《ちょく》に随《したが》う。

衆《しゅ》生《じょう》の日《にち》用《よう》は雲《うん》水《すい》のごとし。

（『道元禅師語録』）

高い山の上の雲を見るがよい。雲は何のはからいもなく自然とちぢんだり延びたりしている。滔々《とうとう》と流れる谷川の水を見るがよい。水は何のはからいもなく曲がったところは曲がり、まっすぐなところはまっすぐに流れている。**人間の日常も雲や水のようでなければならない。**

「**行雲流水**」という禅語がある。雲は流れるときは流れ、止まるときは止まり、また流れていく。水も同じ。しかし、人は雲が漂うように水が流れるようにとらわれなく、こだわりなく生きていくのは容易ではない。往々にして煩悩や執着や怒りや嫉妬といった雑念に占拠されて、こりかたまった岩のようになっている。しかし、人の心は本来、がんじがらめになった心をほどけば、どこにでも流れ入ることのできる「行雲流水」のようなものだから、心を洗い流して調える技を自分のものにせよと道元は説いた。

精神科医の森田正馬《まさたけ》氏は「不安」「緊張」は人間が本来持っている自然な感情だから、不安や緊張を追い出すのではなく、自然なものとして受け入れながらよりよく生きていこうということを考えた。彼がはじめた森田療法は、神経症の人が作務《さむ》のようなことをやる。日常のことをちゃんとやるようにすると、神経症がよくなっていくという行動療法だ。森田療法は禅の考え方を採り入れていると思う。

たまには雲を見たり、水の流れを見たりすること自体がいいことだ。私たちは気づいたら何日も雲を見ていないことがある。ときには立ち止まって空を見上げ、ふーっと深呼吸をしながら、一日に二十秒ほどでいいから雲を見つめる時間を持つと、それが一種の「雲瞑想」になる。雲っていいものだなと思った瞬間に、雑念が頭の隅に追いやられ、心が洗い流されていく。達磨大師は壁に向いて坐ったが、雲を見つめる瞑想法があってもいい。私は何でも瞑想法になると考えていて、コーヒーにミルクを入れたとき、その渦巻きを見て瞑想することもできる。

禅の修行僧を「雲水《うんすい》」と言う。雲が悠々と空を流れるように、水が滔々と流れるように、一か所にとどまらずに（心を一か所にとどめずに）師を訪ねて修行の行脚《あんぎゃ》をしたことから名づけられた。

53

【五観《ごかん》】料理や食事も修行と思え――道元

一《ひと》つには功《こう》の多《た》少《しょう》を計《はか》り、彼《か》の来《らい》処《しょ》を量《はか》る。
二《ふた》つには己《おのれ》が徳《とく》行《ぎょう》の全《ぜん》欠《けつ》を忖《はか》って供《く》に応《おう》ず。
三《み》つには心《しん》を防《ふせ》ぎ過《とが》を離《はな》るることは、貪《とん》等《とう》を宗《しゅう》とす。
四《よ》つには正《まさ》に良《りょう》薬《やく》を事《こと》とするは、形《ぎょう》枯《こ》を療《りょう》ぜんが為《ため》なり。
五《い》つには成《じょう》道《どう》の為《ため》の故《ゆえ》に、今《いま》此《こ》の食《じき》を受《う》く。

(『典座教訓《てんざきょうくん》・赴粥飯法《ふしゅくはんぽう》』)

一つには、目の前に置かれた食事ができあがるまでの手数がいかに多いかを考え、それぞれの材料がここまできた経路を考えてみよう。

二つには、この食事を受けることは、数多くの人々の供養を受けることにほかならないが、自分はその供養を受けるに足るだけの正しいおこないができているかどうかを反省して供養を受けよう。

三つには、常日頃、迷いの心が起きないように、また過ちを犯さないように心がけるが、その際に貪りの心、怒りの心、道理をわきまえない心の三つを根本として考える。食事の場においても同様だ。

四つには、こうして食事をいただくことは、とりもなおさず良薬をいただくことであり、それはこの身がやせ衰えるのを防ぐためだ。

五つには、今こうやって食事をいただくのには、仏道を成就するという大きな目標があるのだ。


道元が永平寺《えいへいじ》で修行僧に説いた「**赴粥飯法**《ふしゅくはんぽう》」という教えの一節だ。赴粥飯法とは、修行僧が毎日の食事をするとき、どのような心構えでするべきかを説いたもの。仏道の真理は、教典や禅寺にあるのではなく、掃除洗濯、料理や雑用など毎日の作務《さむ》に見いだされると道元は言う。

その職務を「典座《てんざ》」と呼び、「汚れた食器は他人の目を磨くようにていねいに洗う」から「箸の上げ下ろし」まで、ことこまかに述べている。悟りを開くための修行は苦行《くぎょう》の中にではなく、料理や掃除など、私たちの毎日の所作の中にある。

54 【身心脱落《しんじんだつらく》】あるがままに立ち返れ——道元

仏道《ぶつどう》をならふといふは、自己《じこ》をならふ也《なり》。
自己《じこ》をならふといふは、自己《じこ》をわするるなり。
自己《じこ》をわするるといふは、万法《ばんぽう》に証《しょう》せらるるなり。
万法《ばんぽう》に証《しょう》せらるるといふは、自己《じこ》の身心《しんじん》および他己《たこ》の身心《しんじん》をして脱落《だつらく》せしむるなり。

（『正法眼蔵《しょうぼうげんぞう》』）

仏道をならうとは、自己をならうということである。自己をならうとは、自己を忘れることである。自己を忘れるとは、よろずのことに教えられることである。よろずのことに教えられるとは、自己の身心をも他己の身心をも脱ぎ捨てることである。

誰でも仏性を有しているのだから、それを見つければいいだけだ。仏道をならうというのはブッダの説いたことを学ぶことではなく、自分をならうということだ。自分をならうとは、自分を探求することではなく、自分を落として忘れる（自我を落とす）ことだと道元は説いた。

「私の考えでは」とか「私が思うには」という自分中心の考え方や知識（禅では迷妄《めいもう》とする）を落とし、生きているありのままの世界に立ち返る。自分を忘れた状態というのは、自分と世界の区別がなくなって、世界全体の中に自分が溶け込んでいる状態で、ここに悟りが現れる（万法《ばんぽう》に証《しょう》せられる）。

悟りが自分の上に現れる状態というのは、自分の身心を落としていく、つまり自分の身から力《りき》みをなくし、心を落としていくと、自他の区別はどうでもよくなり、認識の区切りを落とすことになる。

自他の区別がなくなるというのは、自他を意識する以前の自他未分の状態をあえてもう一度実現させることだ。言ってみれば、自我が芽生える前の赤ちゃんのような、母親とのあいだの自他未分の状態のようなものだ。

55 【やすき道】あなたはもうできている——道元

仏《ほとけ》となるに、いとやすきみちあり。

もろもろの悪《あく》をつくらず、生死《しょうじ》に著《じゃく》するこころなく、一切衆生《いっさいしゅじょう》のために、あはれみふかくして、上《うえ》をうやまひ下《した》をあはれみ、よろづをいとふこころなく、ねがふ心《こころ》なくて、心《こころ》におもふことなく、うれふることなき、これを仏《ほとけ》となづく。又《また》ほかにたづぬることなかれ。

（『正法眼蔵』）

仏となるには、ごくたやすい道がある。それは、もろもろの悪事をしないこと、生死に執着する心のないこと、生きとし生けるものにあわれみを深くし、上をうやまい、下をあわれみ、なにごとにも厭《いと》う心を持たず、願う心もなく、つまり心に思うこともなく、憂うることもなくなったとき、それを仏と名づけるのである。そのほかに仏を求めてはならない。

仏になる（悟りに至る）にはこういう簡単な道がありますよと道元が説いてくれているのはありがたい。道元はけっしてむずかしいことを求めていない。悪事をしないこと、生死に執着する心がないこと、生きとし生けるものをあわれむこと、上をうやまい、下をあわれみ、何事にも厭う心がないこと。そのようにあることができたなら、「仏の御いのち」を失うことはないと説いた。

悪事をしないことは、日本人ならふつうにできることだし、上をうやまい、下をあわれむこともできる。期待しすぎたり、心配しすぎたり、嘆いたりすることのないようにバランスを保つことができたら、これぞ仏と言えると言われると、手が届きそうな気がする。悪いことをせず、執着せず、慈悲深く、人を敬い、嫌わず、願わず、頭で考えず、心配しないことで仏になると聞かされて、そんなはずはない、仏とはもっと高尚な何かがあるはずだなどと思ってはならないと道元は言いたかったのだろう。

日常をしっかり営み、落ち着いて暮らし、死ぬべきときには死ぬのだから生きているあいだの時間をしっかり生き切り、最後に従容《しょうよう》として死を迎えることができたなら、これほど幸福なことはない。

道元は厳しい修行をした人というイメージがあるが、十四歳のころすでに、みなそれぞれに仏性というものがあるのに、なぜこれほど厳しい修行をしなければいけないのかという疑問を持っていたという。中国に渡って、あちこちの寺をまわって尋ねたが、誰も答えられない。ところが帰国する寸前に出会った禅師が、修行は必要ない、「おまえはもうできている」のだからそのまま日本に帰りなさいと諭した。

56

【他不是吾《かれはこれわれにあらず》】 自分がやらなくて、誰がやる——道元

（『典座教訓・赴粥飯法』）

道元「如何《いか》んぞ行者《あんじゃ》・人工《にんく》を使《つか》わざる」

典座《てんぞ》「**他《かれ》は是《こ》れ吾《わ》れにあらず**」

道元「老人家《ろうにんけ》、如法《にょほう》なり。天日《てんじつ》且《か》つ恁《かく》のごとく熱《あつ》し、如何《いか》んぞ恁地《かくのごとく》にする」

典座「**更《さら》に何《いず》れの時《とき》をか待《ま》たん**」

道元は尋ねた。「どうしてそんなお年で、料理を下役や雇い人にやらせないのですか」。典座は答えた。「**他人がしたことは私がしたことにはならない**」。道元はまた尋ねた。「御老僧よ、たしかにあなたのおっしゃるとおりです。しかし、こんなに暑いのに、どうして、しいてこのようなことをなさるのですか」。典座は答えた。「**この時を逃していつやろうというのか**」

典座は、禅宗の寺院で修行僧の食事や仏や祖師への供膳《くぜん》をつかさどる役職の一つ。禅宗では調理や喫飯《きっぱん》も重要な修行の一つとされ、たんなる飯炊き男ではない。

中国の天童山で修行していた道元はあるとき、炎天下で海藻を干している、六十八歳になる老典座に出会った。そのときのやりとりが右頁のものだ。食事も海藻干しもすべて修行だから、他の人にしてもらったのでは自分の修行にならない。暑いなかでも、自分がやらなくて誰がやる、今やらなくていつやるのだという老僧の言葉に、道元は日々の作務をおろそかにしてはならないことに気づかされた。

人まかせにせず、仕事が来たときには自ら進んで取りかかる。これを身につけると仕事のストレスが減る。雑用が好きな人はあまりいないだろう。私もその部類だが、雑用だと思うと気が重くなるので、月曜日と火曜日は雑用を済ます日と決めたら、覚悟が決まって、雑用が雑用でなくなった。雑用が五つあったとして、この五つを頭で覚えていると気が重くなるので、手帳に書きだしてチェックボックスを付ける。一つこなしたら、終了のチェックを付けていく。こうすると爽快感すらあり、ストレスを減らすことができた。

57

【非思量《ひしりょう》】身なりを調え、まっすぐ坐り、息を調える――道元

兀兀《ごつごつ》と坐定《ざじょう》して、箇《こ》の不思量《ふしりょう》の底《ところ》を思量《しりょう》せよ。

不思量《ふしりょう》の底《ところ》、如何《いかん》が思量《しりょう》せん。

非思量《ひしりょう》、これ乃《すなわ》ち坐禅《ざぜん》の要術《ようじゅつ》なり。

（『道元禅師語録』）

あたかも山が動かないように坐りこみ、思いはかり（思量）や分別を超えたところを思いはかるのである。どうして思いはかりや分別を超えたところを思いはかるのかと言えば、それは思いはかりをなくすことではなく、思いはかりの一つ一つに思いはかりを超えた智の働きを現していくことである。これが坐禅にとって一番大事なことである。

道元は、身なりを調え、姿勢が決まり、息が調ってきたら、種々の縁《とらわれ》を放って、心をゆるやかにして静かならしめ、万事のいとなみを休息《とりや》め、善悪や是非の分別にかかずらわないこと、これが坐禅の要諦《ようてい》だと言っている。

非思量というのは、考えることができないようなところのものをとらえるということ。これは「観照」に通じる。観照とは辞書的に言うと「主観をまじえないで物事を冷静に観察して、意味を明らかに知ること」。道元の言う「**思いはかりや分別を超えたところを思いはかる**」というのは、ある種、観照者になることだ。

私は鏡の前でまばたきをせずに目をずっと開いておく訓練をしたことがある。すると涙が出てきたりするが、それでも見開いていると、鏡の前の顔がぼんやりしてくる。なおも開きつづけて三十分ぐらいたつと、目は開いたままになる。そんな訓練を積むと、夜寝るときに目を閉じても、あたかも開いているかのような感覚になる。寝ていても目覚めているというのは、一種の「非思量」だ。

あるいは、ろうそくの炎をずーっと見つめるという瞑想法がある。これをやると、やがてその炎を見ていないときでも、炎を見ている感覚が残りつづけ、炎が脳の中で燃えているようなイメージが乗り移る。生命の炎が燃えていると思うと、どこかほっとする。生命の象徴を炎や川の流れというふうにとらえることで、本来の生命の豊かさに気づかされる。

私たちは頭の中であれこれ考えているのが自分だと思うが、思量にとらわれずに、自分は炎であり、その生命の炎を燃やしつづけて、それが消えたときが死ぬときだと思うと、楽に生きられる。

58【人《ひと》を破《やぶ》らず】特別なことなど起こらないのだ——道元

人《ひと》の悟《さと》りをうる、水《みず》に月《つき》のやどるがごとし。月《つき》ぬれず、水《みず》やぶれず。ひろくおほきなる光《ひかり》にてあれど、尺寸《しゃくすん》の水《みず》にやどり、全月《ぜんげつ》も弥天《みてん》も、くさの露《つゆ》にもやどり、一滴《いってき》の水《みず》にもやどる。

さとりの人《ひと》をやぶらざること、月《つき》の水《みず》をうがたざるがごとし。人《ひと》のさとりを罣礙《けいげ》せざること、滴《てき》露《ろ》の天月《てんげつ》を罣礙《けいげ》せざるがごとし。

（『正法眼蔵』）

人が悟りを得るのは、水に月が映るように、月は濡れないし、水も乱されない。月の光は広大だが、ごく小さな水にも宿り、月天のことごとくが、草の露にも宿り、一滴の水にも宿る。**悟りが人をそこなうことがないさまは、月が水をうがたないのと同じである。人が悟りを拒むことがないさまは、一滴の露が月天を宿すのを拒まないのに等しい。**

道元は悟りを月に、人を水にたとえた。この比喩が面白い。「**人の悟りをうる、水に月のやどるがごとし**」——月が「草の露」「一滴の水」にも宿るように、老若男女誰もが悟りを得ることができる。しかし、悟りを得たからといって、「**月ぬれず、水やぶれず**」で、特別変わったものになるわけではなく、もとのままである。

さらに道元は「**さとりの人をやぶらざること、月の水をうがたざるがごとし。人のさとりを罣礙《けいげ》せざること、滴露の天月を罣礙せざるがごとし**」と説いた。「罣礙《けいげ》」は「妨げる」の意。月が水に映っても水に穴があくわけではないように、悟りを得たからといって、人が人でなくなることはないと説いた。悟ったのだから、より高い次元にステップアップしたと思いこんだり、悟ったのに以前と変わらないのはなぜかと思い悩んで、悟りにとらわれて心が乱れるとすれば本末転倒だ。月が水に映っていないのと映っているのとでは違う状態だが、水は少しも変化しない。何か取り立てて目をみはるようなことが起きるわけではない。

59 【精明《せいめい》を礪《みが》く】ガーデニングで心を磨く——夢想疎石《むそうそせき》

（『夢窓国師—その漢詩と生涯』）

仁人《じんじん》は自《おの》ずから山《やま》の静《しず》かなるを愛《あい》す。
智者《ちしゃ》は天然《てんねん》に水《みず》の清《きよ》きを楽《たの》しむ。
怪《あや》しむ莫《な》かれ、愚惷《ぐとう》が山水《せんずい》を翫《もてあそ》ぶことを。
此《これ》に藉《よ》って精明《せいめい》を礪《みが》かんことを図《はか》るのみ。

仁徳を体得した人は、もとより山の静かなところを愛し／優れた智者は、自然の水の清らかな場を楽しむ／愚惷（私）が山水を愛し、庭造りに没頭するのを、怪しむなかれ／**庭造りを通してわが心を磨こうとしているのだから。**

（夢想疎石＝一二七五～一三五一。鎌倉時代末から室町時代初期の臨済宗の僧）

この漢詩は夢想疎石が苔寺《こけでら》として知られる西芳寺《さいほうじ》を造ったときに詠んだもの。『論語』の「知者は水を楽しみ、仁者は山を楽しむ。知者は動き、仁者は静かなり」をふまえている。

「**怪しむなかれ、庭造りを通してわが心を磨こうとしているのだ**」と詠んだ夢想国師は、後醍醐天皇や足利尊氏らの帰依《きえ》を受けるなど臨済宗の比類なき高僧でありながら、心を磨く場として庭造りにいそしみ、禅庭園の創始者となった。西芳寺のほか同じ京都の天龍寺や鎌倉の瑞泉寺《ずいせんじ》など数多くの庭を設計した。枯山水や天龍寺の曹源池《そうげんち》のような回遊式庭園に代表される禅の庭は、観賞の庭というよりまさに心を磨く庭だ。夢想国師は「**山水《せんずい》には得失なし。得失は人の心にあり**」（山水そのものに利害得失はない。山水に何を求めるかは人間の心しだいだ）と説いた。「毒蛇が水を飲めば毒になり、牛が水を飲めば乳になる」という言葉ではないが、庭を毒にするのも乳にするのも「自分しだい」。

それにしても西芳寺の庭園を目の当たりにしたときには本当に感動した。人工的に造られていても、自然と人間（人間の思い）が一体化している。あまりに感動したので、家で苔を育てられないかと思って調べてみたら、世話が大変だとわかってあきらめたことがある。今はやりのガーデニングも禅の修行に通じるものがある。庭やベランダで花などを育てている人は本当にまめだ。植物はものを言わないが、小さいながらも美しい場を展開してくれる。ガーデニングにいそしむ人はどこか心に余裕がある。無心に植物を世話することが、はからずも心を磨くことになっているからだろう。庭づくりをしながら心が磨かれるというのは、なんとも気分のいい修行だ。修行の場はいろいろなところにあるのだなとあらためて実感する。

60

【目前心後《もくぜんしんご》】目を前につけ、心を後ろに置きなさい——世阿弥《ぜあみ》（『花鏡《かきょう》』）

舞《まい》に、**目《もく》前《ぜん》心《しん》後《ご》**と云《いう》事《こと》あり。「目《め》を前《まえ》に見《み》て、心《こころ》を後《うしろ》に置け《お》」となり。（中略）見《けん》所《じょ》より見《み》る所《ところ》の風《ふう》姿《し》は、我《わ》が離《り》見《けん》也《なり》。しかれば、我《わ》が眼《まなこ》の見《み》る所《ところ》は、我《が》見《けん》也《なり》。離《り》見《けん》の見《けん》にはあらず。**離《り》見《けん》の見《けん》にて見《み》る所《ところ》は、則《すなわち》、見《けん》所《じょ》同《どう》心《しん》の見《けん》なり。**其《その》時《とき》は、我《わが》姿《すがた》を見《けん》得《とく》する也《なり》。

（世阿弥＝一三六三？〜一四四三？　室町時代の能役者・能作者）

舞では「**目前心後**」ということを言う。「目を前につけ、心を後ろに置け」という意味である。（中略）。観客席から見る役者の演技は客体化された自分の姿である。つまり自分の意識する自己の姿は我見であって、けっして離見で見た自分ではない。**離見という態度で見るときには、観客の意識に同化して自分の芸を見る**わけで、そのときはじめて自己の姿を完全に見きわめることができる。

「**見所同心の見**」。観客のほうから見る見方を自分の中に持ちなさい。離れたところから見る自分を自分の中に持つことは自分を客観視すること。すぐれた演者は自分が今どう見られているかを意識しながら自分を動かすことができている。至芸に達した人は外側から自分が見えている。

「見所同心で見る」には「**目を前につけ、心を後ろに置く**」ことだと世阿弥は説いた。目前のことに心を引きずられないように心を少し後ろに置いて、心まで巻き込まれないようにする。たとえば人前で話すとき、聴衆の反応を見ながら、次はこの話をしようと、心の中で今話していることの次を考える。次に話すことの候補が三つあったとしたら、聴衆のこの反応だと、ＡＢＣのうちのＢがいいなと選択する。このようにして心をすこし後ろに置くと、話が途切れないで、聴衆をあきさせないですむ。

自分を外側から見る目を持つことは視野を大きく広げることになる。観客を顧客に置き換えると、今は顧客が商品や企業イメージをどう見るかが重視されるので、そうしたときに離見の見、離れたところから顧客の目で見てみたら、「自分の見方は我見でしかなかった、顧客への訴求力がなかった」と気づいたりする。「見所同心で見る」は、「自分に呑み込まれるな」と説く禅の境地そのものだ。

61

【念々不断《ねんねんふだん》】詩でもつくってみよう——一休《いっきゅう》

一昼夜《いっちゅうや》、八億四千《はちおくよんせん》、念々不断《ねんねんふだん》にして、自《おの》ずから現前《げんぜん》す。
閻王《えんのう》は許《ゆる》さず、**詩《し》の風味《ふうみ》、夜々《よよ》の吟魂《ぎんこん》、雪月《せつげつ》の天《てん》。**

（『狂雲集《きょううんしゅう》』）

一日一夜のうちに、八億四千の念が起こって消えるというが、一念一念、たえず念じていくと、ちゃんと効果があるものだ。閻魔大王は、詩の味の深さなど、おわかりになるまいが、**毎晩、詩を吟じようとする執念は、雪月の天に通ずるのである。**

（一休宗純《そうじゅん》＝一三九四～一四八一。室町時代の臨済宗の僧）

人の心にはいろいろな想念が浮かんでは消えていく。一昼夜に八億四千も浮かんでは消えると言われると、想念というのは尽きないものだと驚く。これでは無心になれと言うほうが無理がある。一休は、想念が浮かぶのを抑えようと苦心するよりは、詩歌をつくる境地になってみてはどうかと詠んだ。

詩歌をつくるとき、この言葉がいいだろうか、あの言葉がいいだろうかと練っていると、雑念が心の隅に追いやられ、イメージが磨かれていく。詩作は一念一念、念じることに通じ、それが詩歌の風味になっている。

毎夜毎夜、詩を吟じようとすると、知らず知らずに心は雪や月に象徴されるしーんとした静かな美しさに満たされる。夜に一人で詩歌を念じている詩心・歌心が、禅の悟りの境地につながっている。散文の場合は「私が思う」ところを文章にするが、詩歌は、私はこう思うというふうに自分を前面に出したら体裁をなさない。詩歌は元来、日常の自分よりもっと深いところ、自分を取り去ったところに生まれるものだ。

そう考えると、日本には長らく俳句（俳諧）の伝統があるから、これがいいかあれがいいかと念じながら句作をしているときは、自分が消し去られ、イメージの世界へと自分が溶け込んでいく。「私が去っていく」「自分を落としていく」プロセスはまさに禅の境地だ。

一休の歌をもう一つ。「**生まれ子がしだいしだいに知恵づきて仏に遠くなるぞ悲しき**」

62

【迷道心《めいどうしん》】自分を棚上げにするな――一休

無始無終《むしむしゅう》、我《わ》が一心《いっしん》、不成仏《ふじょうぶつ》の性《しょう》、本来《ほんらい》の心《こころ》。
本来成仏《ほんらいじょうぶつ》、仏《ほとけ》の妄語《もうご》、衆生本来《しゅじょうほんらい》、迷道《めいどう》の心《こころ》。

(『狂雲集』)

ただ一つの私の心は、始めもなければ終わりもない、仏に成ることもない、本来の心としての自己である。**人は本来、成仏しているというのは、仏陀の方便であって、人は本来、迷道の心を持つ生きものだ。**

僧は成仏《じょうぶつ》したい（仏になりたい）と思うし、私たちもできることなら仏になりたいと思う。しかし、「迷《めい》悟《ご》一如《いちにょ》」、迷いがあるからこそ悟れるという禅語があるように、「まったく迷わない心」というのは想像がつかない。「悟り」を求めるのであれば、同じくらいに「迷い」を自覚することが求められる。一休も、仏になるというのは、本来の心に気づくことであり、そのためには人は迷いの心を持つ生きものだということを自覚することが大切だと説いている。

一休は「**釈迦といふいたづら者が世にいでておほくの人をまよはするかな**」と詠んだ。お釈迦様さえ現れなかったら、難行苦行する必要はないし、信心を得たからといって後生大事にすることもない。ひらたく言えば、お釈迦様がこの世に出たばっかりに、いらんことをしてくれたなあ、という歌だ。

もちろん釈迦はいたずらをしたわけではないが、悟りや仏を求めてばかりいて、迷いつづける自分を見つめないということが起こりうる。これがエスカレートすると、たとえば大仏を拝むというかたちで、自分のことを棚上げにして、御利益《ごりやく》だけお願いすることになる。いわば偶像崇拝になってしまい、自分を省みなくなる。一休はあえて釈迦をいたずら者に仕立てることで、こうならないようにと戒めた。

自分を見つめることで、自分はいま迷っているなとか、欲にかられて動いているなということがわかれば、その時点で、自分を見つめているもう一人の自分ができている。たとえば興奮状態のときは「我を忘れて」いるが、「もう一人の自分」が「自分」が興奮していることに気づくと、すーっと興奮が冷める。「迷っている自分を見つめる自分」がいることで、心が迷いに占領されてしまうことから逃れられる。これが「迷悟一如」だ。

63

【破戒《はかい》】振りまわされている人間はばかじゃ――一休

南無釈迦《なむしゃか》じゃ
娑婆《しゃば》じゃ地獄《じごく》じゃ　苦《く》じゃ楽《らく》じゃ
どうじゃこうじゃというが愚《おろ》かじゃ

（『道歌教訓和歌辞典』）

どうじゃ、こうじゃとこだわって、つまらないしがらみに振りまわされている人間はばかじゃ。極楽とか地獄というものは現世にあるものであって、死後にどっちへ行くかなんて思い悩むのはおろかじゃ。

仏教には戒律があり、これを破ることは「破戒」と言って許されない。しかし禅宗では、「破戒」は突き抜けた「悟り」の境地に至ることと受けとめ、これを「風狂《ふうきょう》」と称した。一休宗純は風狂を極めた破戒僧だ。一休の狂歌には随処に「風狂」が表されている。

右頁の狂歌では、極楽や地獄は自分の心の中にあるものであって、気持ちの持ちようでどちらにも変わる。それをどうだこうだと言って振りまわされ、思い悩むのはおろかなことだと詠んだ。一休に言わせると、**「今の世は仏と魔物が混ざり合っているから、日々なすべき正しいことは、弓を引いて『心中の賊』を射落とすことだ」**という。

「正月や冥途《めいど》の旅の一里塚めでたくもありめでたくもなし」という一休作とされる歌にはこんな逸話がある。みんなが正月を祝っているのに、一休はこともあろうに杖の先に髑髏《どくろ》をつけて年が改まればそれだけ冥土の旅に近づいているんだぞと戒めた。みんなが縁起でもないと言うと、死んで骨になれば男女も貴賤もない。皮一枚の肌に目をくらまされていないか。心の目でしっかり真実を見よと言ったという。

ちょっと嫌なおじいさんだけれども、面白い。この面白さが、なんとも言えない一休のよさだ。ふつうの人間がしないような発想で行動し、「メメント・モリ」（死を忘れるな）と冷や水をかけるようなことをしながら家々を訪ね歩いた。正月はめでたいものという常識を「冥土の旅の一里塚」と詠んで次元を変えてしまう至芸の持ち主だった。

一休は頓智《とんち》の名人としても名前が残っている。よほどの発想力があり、この世の常識とは違う次元で生きたからこそ、頓智、つまり「機に応じて即座（頓）に働く智恵」が生まれた。

64

【有漏路《うろち》・無漏路《むろち》】人生は「一休み」のときなのだ——一休

有漏路《うろち》より無漏路《むろち》へかへる一休《ひとやすみ》
雨《あめ》ふらばふれ風《かぜ》ふかばふけ

（『一休道歌《いっきゅうどうか》』）

しょせん人生とは無から生まれ、無へ帰る刹那の一時、雨降らば降れ、風吹かば吹け。

一休が二十代の修行僧だったとき、師の華叟《かそう》（室町中期の臨済宗の僧）に「人はどこから来て、どこへ往くのか」と問われて、即座に「**有漏路より無漏路へかへる一休雨《ひとやすみ》ふらばふれ風ふかばふけ**」と詠んだ。

「有漏路」とは、煩悩にとらわれて生命のエネルギーが漏れている状態。「無漏路」とは、魂の境地（悟りの境地）で、生命のエネルギーが充実している状態。人生は一生懸命に歩いていくものと思うのがふつうだが、一休は、無から生まれて無に帰る途中の「一休み」のときととらえた。「一休《いっきゅう》」という名前を「一休《ひとやすみ》」と読むと、なかなかに奥深い名前であることがわかる。

人生を「一休み」のときと思って、あくせくせずにふっと力を抜いてみると、生命のエネルギーの漏れがなくなり、充実してくる。そうなれば「雨が降ろうが風が吹こうが揺らぐことはない」と一休は説いた。坐禅では、静かに坐って無心になることでエネルギーが充実してくるとする。

人は往々にしてエネルギーを漏らしながら生きている。心配事、不安、後悔などを抱えていると心が疲れてしまう。ストレスがあまりにも多いと、スポーツ選手でもスランプになる。私が高校のテニス部にいたとき、部室に名プレーヤーだった福田雅之助さんの「この一球は絶対無二の一球なり」という至言《しげん》が掲げられていた。前後のことを考えずに一球にかけるというのは、エネルギーを余分なところに漏洩させずに集中させることにつながる。右頁の言葉で面白いのは「漏れる」だ。あれこれ考えてエネルギーを漏らしているよと「ただ漏れ」していることに気づかせて、「一休み」にもどりなさいと促す。一息ついてみると、幽霊の正体見たり枯れ尾花で、トラブルのもとはこれだったのかとわかって、たいしたことはないと思えるようになる。

65 【喫茶去《きっさこ》】お茶でも飲んで一息つきなさい――一休（趙州禅師の言葉を引用）（『五灯会元』）

（一休は弟子の珠光《じゅこう》に問答した）

「趙州和尚《じょうしゅうおしょう》に、ある雲水《うんすい》が、仏法《ぶっぽう》の大意《たいい》を聞《き》くと、趙州《じょうしゅう》は〝喫茶去《きっさこ》〟と答《こた》えた。これをお前《まえ》はどう看《み》るか」

（珠光は黙然《もくねん》として動かない。一休はさらに問答した）

「さきほどは、あなたに茶《ちゃ》を喫《の》む心得《こころえ》を聞《き》いた。もし、心得《こころえ》を離《はな》れ無心《むしん》に喫《の》むときはどうか？」

（珠光は答えた）「柳《やなぎ》は緑《みどり》　花《はな》は紅《くれない》」

松原泰道氏の読み下し文（『禅語百選』）を引用させていただいた。「去」は意味を強める言葉で、「喫茶去」は「お茶をおあがりなさい」という意味。茶祖・村田珠光《じゅこう》は京都・大徳寺の一休和尚の弟子。いつも居眠りをするので医師に療法を求めたところ、喫茶を勧められた。おかげで居眠りは治った。そこで茶を喫むにも式法が必要だと感じたのが、茶の湯のはじまりとされる。あるとき一休が「どんな心得で喫茶するか」と問うと、珠光が「日本に茶をはじめて伝来した栄西禅師の『喫茶養生記』にならい、健康のために喫みます」と答えたところ、一休は「趙州の〝喫茶去〟をどう考えるか」と公案を与えた。

趙州の〝喫茶去〟の逸話。趙州禅師は自分のもとにはじめてやってきた修行僧にも、かつて来たことのある僧にも「お茶をおあがりなさい」と勧めた。そばにいた院主《いんじゅ》（寺務を司る役の僧侶）が「はじめて来た者に出す茶はいいとしても、以前来たことがある者にも同じように茶を勧めたのはなぜですか？」と尋ねたところ、趙州は突然「院主さん！」と呼び、思わず「はい」と答えた院主に、趙州はまたも「お茶をおあがりなさい」と勧めた。この逸話は、拍子抜けと言えば拍子抜けだが、禅にはこういう話が多い。教えを聞きたいと思って来る人に、言葉で説明したところでしょうがないから、疲れただろうからまずはお茶をと勧める。次元を変えて、ふうっと一息つかせるのだ。

「心得を離れて無心に喫むときはどうか」と問われた珠光は「柳は緑、花は紅」と答えた。このときから珠光の茶に変化が起きて、健康や趣味、あるいは式法の茶に、禅の心を汲んだ悟りの妙味が加わったという。前にとりあげたが、柳は緑色、花は紅色をしているように、自然は自己顕示せずともいつもあるがままに美しいことから、「柳は緑、花は紅」は禅宗では悟りの境地を表している。

66

【不動智《ふどうち》】一つところに心をとどめるな――沢庵《たくあん》（『不動智神妙録《ふどうちしんみょうろく》』）

不《ふ》動《どう》と申《もう》し候《そうろう》ても、石《いし》か木《き》かのやうに、無《む》性《しょう》なる義《ぎ》理《り》にてはなく候《そろ》。向《むこ》ふへも、左《ひだり》へも、右《みぎ》へも、十《じっ》方《ぽう》八《はっ》方《ぽう》へ、心《こころ》は動《うご》き度《た》きやうに動《うご》きながら、卒《そっ》度《と》も止《とど》まらぬ心《こころ》を、不《ふ》動《どう》智《ち》と申《もう》し候《そろ》。

動かないといっても、石や木のように、まったく動かないというのではない。**心は四方八方、右左と自由に動きながら、一つのもの、一つのことにけっしてとらわれないのが不動智なのだ。**

（沢庵＝一五七三～一六四六。安土桃山から江戸初期にかけての臨済宗の僧）

私たちの心は何かにつけて揺れ動く。だから不動明王のように心が動かないといいと思い、「不動心」、揺らがない心、折れない心を求める。ところが沢庵は、石や木のように動かないでいることが不動なのではなく、前でも後ろでも、右でも左でも、心が動きたいように動きながら、少しもとどまらないのが「**不動智**」なのだと説いている。

この「不動智」は、自由無碍《むげ》に動く武術の達人をイメージするとわかりやすい。十人の敵がいたとき、十人の一人ひとりに十度心を動かしながら、しかし誰一人にも心をとどめなければ、十人に対応できる。甲子園の高校野球でもそうだ。仲間がエラーをしたとき、「ドンマイ、ドンマイ」と言って、ミスにとらわれないで劣勢を立て直すチームには「不動智」がある。その反対に、一人がエラーをすると、それまでミスなく守っていたチームメイトも連鎖反応を起こしてエラーをして、心を動かそうにも動かせないという状態になってしまうチームもある。沢庵に言わせれば「不動智」がないということになる。

アメリカの哲学者・心理学者ウィリアム・ジェームズは、意識の流れの理論を提唱した。それによると、意識は絶えず変化しながら流れているが、失敗をしたり、考えごとをして意識の流れが止まってしまうことがある。ミスをしたことが問題なのではなく、ミスをしたことに心がとどまり萎縮して心の動きが止まってしまうのだという。

新しい仕事のオファーが来たり、家族の悩みごとがあったりしても、それにすーっと対応していけるというのも「不動智」だ。ぼーっとしたり、とらわれていると自在に対応できないと説いた沢庵は、僧侶ではあるが、剣豪・宮本武蔵（一九〇頁を参照）に通じるものがある。

67

【千手千眼《せんじゅせんがん》】全部が役に立つ――沢庵

千手《せんじゅ》観音《かんのん》とて手《て》が千御入《せんおんい》り候《そうら》はば、弓《ゆみ》を取《と》る手《て》に心《こころ》が止《とど》らば、九百九十九《きゅうひゃくきゅうじゅうく》の手《て》は皆用《みなよう》に立《た》ち申《もう》す間敷《まじく》。

一所《いっしょ》に心《こころ》を止《とど》めぬにより、手《て》が皆用《みなよう》に立《た》つなり。

（『不動智神妙録』）

千手観音にしても、手が千本おありなさるが、もし弓を持っている一つの手に心がとらわれてしまえば、残りの九百九十九本の手はどれも役には立たないであろう。一つのところに心をとどめないからこそ、千本の手がみな役に立つのだ。

沢庵は右頁の言葉を以下のように説いている。**「たとえば一本の木を見ているとする。そのなかの赤い葉一枚に心をとどめて見れば、残りの葉は目に入らない。葉の一枚一枚に目をとめずに、木の全体をなんということもなく見るなら、たくさんの葉がすべて目に入る。一枚の葉に心をとらえられれば残りの葉は見えない。一枚の葉に心をとらえられることがなければ、何千枚の葉だろうと、すっかり見えるのだ。このことを悟った人は、千手千眼《せんじゅせんがん》の観音と同じだ」**

沢庵は、一つところに心をとどめなければ、千本の手全部が役に立つと説いた。私たちは、一つを見ると他は目に入らず、一つのことを考えると他は思慮の外になってしまう。ところが、「千手観音的手腕」を発揮している人はいるものだ。たとえば野球のキャッチャー。打者の構えや表情を見る、ピッチャーの調子をはかる、内外野の守備位置にも目を配る、ランナーの動きを見る、そうしたこと全部考えながらやっている。オーケストラの楽団員もそうだ。楽譜に目をやり、指揮者のタクトを見、そして他の団員の調べも聴きながら、そのときどきの音楽の流れに自分の手の動きも感じつつというふうに、四つ五つのことを同時に感じながらやっている。料理の上手な人も同じだ。

教育実習の学生は余裕がないから、用意したノートと黒板を行ったり来たりになりがちだ。そんなときに千手観音的に教室全体を見渡すと、生徒たち一人ひとりが見えてくる。三十人、四十人というかたまりを見ながら一人ひとりを把握している状態は、心が自由無碍《むげ》に動いている状態だ。すると、これわかった？　何か気づいたことあった？　言いたいことがあるみたいだからちょっと言ってみてというように声をかけられるようになる。私は教育実習に送りだす学生にそんなふうにアドバイスしている。

68 【石火之機《せっかのき》】即座に反応せよ――沢庵

石火《せっか》の機《き》と申《もう》すも、ひかりとする電光《でんこう》のはやきを申《もう》し候《そろ》。

（『不動智神妙録』）

たとへば右衛門《うえもん》とよびかくると、あっと答《こた》ふるを、不動智《ふどうち》と申《もう》し候《そろ》。右衛門《うえもん》と呼《よ》びかけられて、何《なん》の用《よう》にてか有《あ》る可《べ》きなどと思案《しあん》して、跡《あと》に何《なん》の用《よう》か抔《など》いふ心《こころ》は、住地煩悩《じゅうちぼんのう》にて候《そろ》。

石火の機とは、光を放つ火花ほどの早さを指す。たとえば「右衛門」と呼びかけると同時に「あっ」と答えるのを不動智と言う。「右衛門」と呼びかけられて、はて、何の用があるのだろうなどと思いめぐらしてから「何の用でしょう」などと言うのは心に迷いがあるからだ。

火打ち石を打った瞬間にぱっと火花が散るように、外からの働きかけがあった瞬間に動ける心と体、それが不動智というものだと説いた沢庵は、「**禅宗では、『仏法の極意とは』と問えば、問う声がいまだ終わらないうちに『一枝の梅の花である』とか『庭の柏の樹である』などと答えるにちがいない。その答えが善い悪いというよりも、とどまらない心を尊ぶのだ**」と書いている。これまで見てきたように、臨済が問答を仕掛け、弟子が即座に反応できなくてもたつくという場面がしばしば登場する。「石火の機」を逃してしまうと、臨済であればすかさず一喝する。唐代の禅僧・徳山であれば「棒」で打つ。

漫才の掛け合いも、間を逃すと面白くない。テレビのバラエティー番組では、司会の大御所芸人に振られたときに即座に返せる「石火の機」の芸人が業界で生き残っていく。芥川賞を受賞した又吉直樹さんの『火花』。ある若手が四歳ほど年上の先輩芸人を師と仰いで師弟関係を結ぶ。その先輩の笑いのセンスがすごい。たとえばメールで「エジソンが発明したのは闇」「三畳一間に詰め込まれた救世主」「カノン進行のお経」という具合に文末に言葉を添えて即座に返信してくる。日常生活でもつねに間をあけずにボケとツッコミふうに面白いことをやりつづける。「石火の機」的な禅の修行をおこなっているようなものだ。小説のタイトル『火花』には、芥川龍之介の「火花」（『或阿呆の一生』）という短文の影響とともに「石火の機」のイメージも感じる。『火花』と『臨済録』を併読するといっそう味わいが出る。

石火の機というのは、ぼーっとするなということでもある。私も大学の授業で、三秒で考えて十秒で答えよということをやっている。ぼーっとすることは許さないぞという迫り方だが、はからずも禅の修行になっている。

69【心《こころ》を捨《す》て置《お》く】どこにも置かなければ、どこにもある――沢庵（『不動智神妙録』）

心《こころ》を繋《つな》ぎ猫《ねこ》のやうにして、余処《よそ》にやるまいとて、我身《わがみ》に引止《ひきとど》めて置《お》けば、我身《わがみ》に心《こころ》を取《と》らるるなり。

身《み》の内《うち》に捨《す》て置《お》けば、余処《よそ》へは行《ゆ》かぬものなり。

紐でつないだ猫のように、心をどこにもやるまい、自分の身の内に引きとめておこうとすれば、自分の身体に心をとられてしまう。**身の内に捨てておけば、別に心はよそに出ていったりはしないものだ。**

沢庵は安土桃山から江戸時代初期にかけての臨済宗の僧だが、私たちがいま読んでも理解できるように説いてくれている。たくみな比喩《ひゆ》が魅力的だ。

右頁の「心を猫のようにつなぐ」というのもその一つ。猫というのは本来自由に動くもの。だから、猫に紐をつけて行動を制限したらストレスでまいってしまう。人の心も同じで、一つのところ、一つの感情にとどめようとすると無理が生じるので、心を自由に泳がせておきなさい、遊ばせておきなさいと沢庵は説いた。

沢庵は「**身体中のどこにも心が行きわたっていれば、手のいるときは手にある心を、足を使うときは足にある心を使うことになるだろう。一つの場所を定めて、そこに心を置いておくなら、そこから、いちいち心を引っぱりだして使おうとするので、そこで心がとどまり、肝心の動きがお留守になる**」と説いた。

心理学の実験によると、たとえば白いクマのことだけは考えないでくださいと言うと、逆にクマのことばかりを考えてしまうそうだ。「考えない」と思うと、つい考えてしまう。

そんなときには、八木重吉の詩「こころよ／では　いっておいで／しかし／また　もどっておいでね／やっぱり／ここが　いいのだに／こころよ／では　行っておいで」(「心よ」『八木重吉全集　第一巻』)を口ずさむといい。「心よ、どこかへ行って、遊んでおいで。それでリラックスできたら、またもどっておいで」というイメージを持つことで、心が解放され、ずいぶんと安らかになる。

70

【前後際断《ぜんごさいだん》】前と今とのあいだを断ち切れ――沢庵

（『不動智神妙録』）

前後際断《ぜんごさいだん》と申《もう》す事《こと》の候《そろ》。前《まえ》の心《こころ》をすてず、又今《またいま》の心《こころ》を跡《あと》へ残《のこ》すが悪敷候《あしくそうろう》なり。**前《まえ》と今《いま》との間《あいだ》をば、きってのけよと云《い》ふ心《こころ》なり。**是《これ》を前後《ぜんご》の際《さい》を切《き》って放《はな》せと云《い》ふ義《ぎ》なり。心《こころ》をとどめぬ義《ぎ》なり。

前後際断――前後の際《きわ》を断つという言葉がある。前の心を捨てないことも、今の心を後に残すこともよくない。それで、**前と今との間を切ってしまえという意味だ。**以前のことに心を引かれることは、心をとどめること。そこで、前の心が後に尾を引かないように切り離して、心をとどめない心がけを言ったものだ。

「**前後の際《きわ》を断つ**」とは、「前（いまより以前）」のことにとらわれている心を落とすことで前の心が「後（将来）」に尾を引くのを断つということ。つまり今を生きよということだ。「断ち切れ」という表現がきっぱりしていていい。昨日の自分を引きずっている。五年前、十年前のことを引きずっている。ときには死の間際まで幼いころのことを引きずって生きていることさえある。そうなると、「過ぎたことは忘れてしまいましょう」という程度では打開できない。切れ味鋭い刀で「過去をすぱっと切り捨てる」ぐらいのことをしないと、今を生きることにつながらない。

断ち切ることができないがために今を生きることができないというのは、身近にもよくあることだ。旅行に行って美しい風景を目の前にしながら、日々の心配事が離れずに、せっかくの風景を味わわずに帰ってきてしまった。旅行に行ったのにスマホでおしゃべりに終始してしまった。海外留学をしたのに、現地の人と付き合わずに、日本人同士でつるんでいた等々。夏目漱石も「前後截断《せつだん》」という言葉を使っている。初期の作品『薤露行《かいろこう》』（王妃ギニヴィアと騎士ランスロットの不義の愛と、ランスロットに恋する乙女エレインの愛と死が主題）に「ランスロットはただ窈窕《ようちょう》として眺めている。前後を截断して、過去未来を失念したる間にただギニヴィアの形のみがありありと見える」という一節がある。

野球のイチロー選手は、仮に打ち損じても、終わったことは気にしないそうだ。分析はするかもしれないが、心をとどめない。だから、今の球を打てばよかったという悔しそうな顔はあまり見せないという。打席でいつものとおりの構えをして、一回一回、新たな気持ちで臨む。彼にとっては二千本の安打を放っても、二千一本目はまた新たな一本目となる。まさに「心をとどめない」心がけだ。

71 【農業則仏行《のうぎょうすなわちぶつぎょう》】一鍬ごとに南無阿弥陀仏——鈴木正三《すずきしょうさん》（『万民徳用《ばんみんとくよう》』「農民日用」）

農業則仏行《のうぎょうすなわちぶつぎょう》なり。（中略）夫《それ》農人《のうにん》と生《せい》を受《うくる》事《こと》は天《てん》より授給《さずけたまわ》る世界《せかい》養育《よういく》の役人《やくにん》なり。去《され》ば此身《このみ》を一筋《ひとすじ》に天道《てんどう》に任奉《まかせたてまつ》り、かりにも身《み》の為《ため》を思《おも》はずして、正天道《ただしくてんどう》の奉公《ほうこう》に農業《のうぎょう》をなし、五穀《ごこく》を作出《つくりいだ》して仏陀神《ぶっだしん》明《めい》を祭《まつり》、万民《ばんみん》の命《いのち》をたすけ、虫類等《ちゅうるいなど》に到迄《いたるまで》施《ほどこす》べしと大誓願《だいせいがん》をなして、一鍬一鍬《ひとくわひとくわ》に、南無阿弥陀仏《なむあみだぶつ》、なむあみだ仏《ぶつ》と唱《とな》へ、一鎌一鎌《ひとかまひとかま》に住《じゅう》して、他念《たねん》なく農業《のうぎょう》をなさんには、田畑《でんぱた》も清浄《せいじょう》の地《ち》となり、五穀《ごこく》も清浄食《せいじょうしょく》と成《なり》て、食《しょく》する人《ひと》、煩悩《ぼんのう》を消滅《しょうめつ》するの薬《くすり》なるべし。

（鈴木正三＝一五七九〜一六五五。江戸時代初期の曹洞宗の僧侶）

農民のなすべき仕事がそのまま仏道修行である。（中略）そもそも農民に生まれることは、天から授けられた、世間を養うという役分である。だから、その身を一筋に天道におまかせし、仮にも自分のためを思わず、天道への奉公として農業をなせばよい。すなわち五穀を作って仏や神々をお祭りし、万民の命を助け、虫類などに至るまで施すべしという大誓願を立てよ。そして、一鍬を入れるごとに、南無阿弥陀仏と唱え、一鎌を振るごとに念仏信心があって一心に農業に努めれば、田畑も清浄の地となり、五穀も清浄の食べ物となって、食べる人の煩悩を消滅する薬になるであろう。

ある農民が「農民の仕事は四季それぞれに忙しくて、暇がありません。この世をむなしく過ごし、来世に苦を受けるであろうことが残念でなりません。どうしたら悟りに至ることができるでしょうか」と質問した。鈴木正三は「**農業則仏行なり**」と答えた。生活の中にこそ仏法があるのだから、一鍬、一鎌ごとに念仏を唱えるがごとくに農作業に心を込めなさい。農業をすることが極楽浄土への道を歩んでいることに気づいて喜びなさいと説いた。

一部の宗教エリートのような人だけがいい目を見るのではなく、誰でもそれぞれの仕事をちゃんとやれば報われる。職業倫理をまっとうする生き方をしていればいい。まじめに働くことがすなわち修行なのだと言った鈴木正三の考え方は日本人のメンタリティーにフィットした。

山本七平氏は日本人の勤勉精神が歴史的・思想的にどこに由来しているのかを、「働くこと＝仏行」とした鈴木正三（武士であったが、出家して禅僧になった）と「正直・倹約・勤勉」を説いた石田梅岩《ばいがん》（江戸時代の町人の出身で、「石門《せきもん》心学」と呼ばれる思想を説いた）とに求めて論じている。

72 【事業則仏行《ことわざすなわちぶつぎょう》】一心に自分の役割を果たしなさい——鈴木正三（『万民徳用』「職人日用」）

何《なん》の事《こと》業《わざ》も皆《みな》仏《ぶつ》行《ぎょう》なり。（中略）

鍛《か》冶《じ》番《ばん》匠《しょう》をはじめて、諸《もろもろの》職《しょく》人《にん》なくしては、世《せ》界《かい》の用所《もちうるところ》、調《ととのう》べからず。武《ぶ》士《し》なくして世《よ》治《おさまる》べからず。農《のう》人《にん》なくして世《せ》界《かい》の食《しょく》物《もつ》あるべからず、商《あき》人《ひと》なくして世《せ》界《かい》の自《じ》由《ゆう》、成《なる》べからず。此《この》外《ほか》所有《あらゆる》事《こと》業《わざ》、出来《いできたっ》て、世《よ》のためとなる。

天《てん》地《ち》をさたしたる人《ひと》もあり、文《もん》字《じ》を造出《つくりいだし》たる人《ひと》も有《あり》、五《ご》臓《ぞう》を分《わけ》て医《い》道《どう》を施《ほどこす》人《ひと》もあり。其《その》品《しな》々《じな》、限《かぎり》なく出《いで》て、世《よ》の為《ため》となるといへども、唯《ただ》是《これ》一《いち》仏《ぶつ》の徳《とく》用《ゆう》なり。

どの仕事もみな仏道修行である。（中略）鍛冶や木工などの職人がいなくては、世の中の大切な箇所は調わない。武士なくして世は治まらない。農民なくして食べ物は得られない。商人なくして、世のものを流通させることはできない。このほかあらゆる仕事があって、世の中が成り立っている。天地を沙汰した（論じ究めた）人、文字をつくりだした人、医道をほどこす人、そのほか限りなく職業があってこの世のためになっているが、これらはすべて仏の功徳の働きなのである。

鈴木正三は、どの職業も仏の現れだから、それぞれが仕事を追求することのなかに仏道がある。世を捨てて山にこもったり、ひたすら坐禅に打ち込むだけが仏道ではないと説いた。修行というのは本来の自分（仏性）を発見し、見失わないことだから、それぞれの職業に徹して煩悩が入る余地がないようにすればいいことになる。医者は医者、武士は武士、商人は商人なりにそれぞれの役割をきちんとやればいい。それぞれがそれぞれの持ち場で仕事をまじめにやっているからこそ、世の中が機能している。だから考えようによっては、仏の極楽浄土とはこの世のことかもしれない。日本人がまじめに働いた結果出現した「一億総中流」という奇跡は極楽浄土だったのかもしれない。

マルクスやレーニンが一九七〇年代の日本に来たとすれば、「一億総中流」の極楽浄土を目にして、これぞ目指すべき社会主義・共産主義社会だと言ったのではないかと思いたくなるほど、一部の人が富を独占するのではなく、それぞれが役割を守って仕事をし、それぞれが報いを得ていた時代があった。

73

【惣体自由《そうたいやわらか》】構えあって構えなし——宮本武蔵《みやもとむさし》

鍛錬《たんれん》を以《もっ》て惣《そう》体《たい》自由《やわらか》なれば、身《み》にても人《ひと》に勝《かち》、又《また》、此道《このみち》になれたる心《こころ》なれば、心《こころ》をもっても人《ひと》に勝《かち》、此所《このところ》に至《いたり》ては、いかにとして人《ひと》に負《まくる》道《みち》あらむや。

（『五輪書《ごりんしょ》』）

鍛錬によって**全身が自由自在になるので、身体的にも人に勝ち、**さらに兵法に馴《な》れ親しんだ心であるので、精神的にも人に勝つ。この境地にまで到達すれば、どうして人に負けることがあろうか。

（宮本武蔵＝一五八四～一六四五。江戸時代初期の剣術家・兵法家）

宮本武蔵は、惣体（全身）が自由（やわらか）、全身が自在にやわらかであることが、事態に即時に対応できる心身ということであり、それでこそすぱっと切ることができると説いた。「**何《いず》れの構《かまえ》なりとも、構と思わず、切事《きること》なりとおもふべし**」（いずれの構えでも、構えると思わず、切ることだと思わなければならない）。構えにこだわっていては、心も体も固くなって「切る」ことができなくなる。

実《まこと》の道を知らないうちは、仏の法であれ世俗の法であれ兵法であれ、自分はたしかな道を歩んでいると思っているが、じつは人それぞれの心のひいき（偏向）や目のゆがみ（偏見）によって実の道に背いているものだと説いた宮本武蔵は、武術を通して人間の究極のあり方を追求した。剣さばき、太刀の持ち方など、剣術の実際について書かれた『五輪書』は日本人が到達した高みだ。

世界には侍にあこがれを抱く人が少なくないが、その頂点にいるのが宮本武蔵だ。先日、テレビで世界剣道大会を見ていたら、外国人剣士には二刀流が多いことに気づいた。これも二刀流の宮本武蔵の影響だろう。武蔵は本当の斬り合いを通して悟りの境地に至ったから、今後、彼のような人物は出てこないだろう。『五輪書』には「**千日の稽古を鍛《たん》とし、万日の稽古を錬《れん》とす**」と、稽古をしつづけよと説かれている。論語に「辞《じ》は達するのみ」（どんなに立派な言葉も相手に通じなければ意味がない）という言葉があるが、武蔵の言葉は私たちの心に「達する」。

あたかも剣豪のような雰囲気のイチロー選手だが、WBC（ワールド・ベースボール・クラシック）の決勝戦では、打ち損じたら自分のキャリアが全否定されると覚悟した。しかし、惣体自由なイチロー選手は、それまでの不調が嘘のように、しびれる場面でやわらかなバッティングを見せて勝利を決定づけた。

74 【死身《しにみ》】思う存分に生きよ――無難《むなん》

一切《いっさい》の経《きょう》は仏《ほとけ》のをしへなり
させん（坐禅）はちき（直《じき》）に仏《ほとけ》なりけり

いきながら死人《しびと》となりてなりはてて
おもひのままにするわざぞよき

何事《なにごと》も修行《しゅぎょう》とおもひする人《ひと》は
身《み》のくるしみは消《き》えはつるなり

（『至道無難禅師集《しどうむなんぜんじしゅう》』）

（無難＝一六〇三～七六。江戸時代初期の臨済宗の僧）

一切の経典は仏の教えだが、坐禅をすると、自分そのものが仏になれる。
生きたままで死人になりきる。そのうえで思う存分に生きる。なんと楽しい生き方だろうか。
失敗や逆境にあっても修行だと思っておこなえば、悟りに通じる。

無難は白隠禅師の「法祖父（師のまた師）」に当たる。五十歳を過ぎて出家し、生涯、寺をかまえることなく庵《いおり》を編んで過ごした。法語を説く際には好んで道歌を用いたという。

二首目の「**いきながら死人《しびと》となりてなりはてて**」は、死んだ気になれば怖いものはないという心境だ。私は若いころヨガの死体のポーズを何度となく練習した。といっても簡単で、大の字になって死んだ気になるだけだ。死体のポーズを練習していると、一回死んだのだから、あとは得るだけという感じになるので、生きている不安感が減り、何があっても思う存分に生きればいいという心境になれる。

山本常朝《じょうちょう》は『葉隠《はがくれ》』で「毎朝毎夕、改めては死に改めては死に、常住死身《しにみ》になりて居る時は、武道に自由を得、一生落度《おちど》なく、家職を仕果すべきなり」（毎朝毎夕、心を正しては、死を思い死を決し、いつも死に身になっているときは、武士道とわが身は一つになり、一生失敗を犯すことなく職務を遂行することができる）と説いた。「死に身になる」、つまり死んだ身になって一心におこなうと、怖いものがなくなり、覚悟が定まると説いている。

三首目の「**何事も修行とおもひする人は身のくるしみは消えはつるなり**」を手帳に書きとめて事あるごとに眺めると、たとえば夫婦げんかをしても夫婦生活というものは修行なのだと思えるようになる。

75

【身《み》びいき】ちょろりと凡夫になってしまうぞ――盤珪《ばんけい》

此座《このざ》にも一人《ひとり》も凡夫《ぼんぷ》はござらぬ。もし此座《このざ》を立《たっ》て敷居《しきい》ひとつまたがり出《で》るか、また人《ひと》まへに出《で》て人《ひと》がひょっと行《いき》あたるか、又後《またうし》ろからきたをすか、又宿所《またしゅくしょ》へ帰《かえっ》て男《おとこ》でも、女《おんな》でも、子供《こども》でも、下男下女《げなんげじょ》でもあれ、我気《わがき》にいらぬ事《こと》を見《み》るか聞《きく》かすれば、はやそれに貪着《とんじゃく》をして、顔《かお》へ血《ち》をあげて**身《み》のひいきゆへに迷《まよ》ふて、仏心《ぶっしん》を修羅《しゅら》につい仕替《しか》へるなり。**其仕替《そのしか》へるときまでは、不生《ふしょう》の仏心《ぶっしん》で居《い》まして、凡夫《ぼんぷ》ではござらぬ。其時生《そのときしょう》じて、**つひちょろりと、凡夫《ぼんぷ》に成《なり》まする。**

（『盤珪禅師語録《ばんけいぜんじごろく》』）

（盤珪＝一六二二～九三。江戸時代前期の臨済宗の僧）

いまこの場にいるみなは、一人も凡夫はいないが、この座を立って、敷居をひとまたぎしたとたん、人がひょっと行き当たるか後ろから突き倒すか、家に帰って、男でも女でも、子どもでも、下男下女でも、自分の気にいらないことを見るか聞くかすると、はやそれに執着して、顔に血をのぼらせ、**身のひいきゆえに迷い、つい仏心を修羅に変えてしまう**。変わる前までは、不生の仏心でいて凡夫ではないのに、執着の一念が湧きおこれば、**たちまちちょろりと凡夫になってしまう**。

私がこうして説法をしているときは、みなさん仏になっているが、ひとたび俗世間にもどると、あれこれ執着して、自分が自分がと自分をひいきして、仏心を修羅に変え、たちまちちょろりと凡夫に豹変《ひょうへん》してしまう。仏心になるときもあるが、たちまち修羅になってしまうのが問題なのだと盤珪は指摘した。

学校で小学生がポイ捨てをしているときに、ごみを誰が片づけるんでしょうか、プラスチックはなかなか土に返らないのに残していいんですかと言われると、いや、いけませんとなって、みんなで拾う。小学生にかぎらず、私たちは仏の心と修羅の心を行ったり来たりしている。

「**ちょろりと凡夫になる**」という言い方が面白い。寺というと最近は葬式仏教などと批判されるが、僧《そう》俗《ぞく》の弟子がじつに五万人に及んだという盤珪禅師のように、ふだんからわかりやすい表現で説法をしてくれると、そのたびに仏心を思い起こすことになる。葬式、法事、彼岸、盆などのときだけでなく、毎週日曜日に教会に通うように寺にたびたび参集すれば、修羅の心が支配する時間が減っていく。盤珪のような僧侶がいれば、瀬戸内寂聴さんのように人気を集めるのではないか。

76 【蛙《かわず》飛《と》び込《こ》む水《みず》の音《おと》】「私」を取り去れ——芭蕉《ばしょう》

（『芭蕉翁古池真伝《ばしょうおうふるいけしんでん》』）

（仏頂＝一六四一～一七一五。芭蕉＝一六四四～九四）

（仏頂和尚《ぶっちょう》が芭蕉に尋ねた）

「近日何《きんじつなん》の有所《あるところ》ぞ」

「雨過《あめす》ぎて青苔《せいたい》を洗《あら》う」

「如何《いか》なるか是《こ》れ青苔未《せいたいいま》だ生《しょう》ぜざる前《まえ》、春雨未《しゅんういま》だ来《き》たらざる前《まえ》の仏法《ぶっぽう》」

「**蛙《かわず》飛《と》び込《こ》む水《みず》の音《おと》**」

仏頂「近ごろどう暮らしているか」

芭蕉「雨がさっと降って、青い苔がいよいよ鮮やかである」

仏頂「青い苔がまだ生じない以前、春雨がまだ降っていない前の仏法とはどのようなものか」

（蛙が池に入る音を聞いた）芭蕉「**蛙飛び込む水の音**」

仏頂和尚が芭蕉に禅を、芭蕉が和尚に俳句を教える間柄だった。右頁は仏頂が江戸・深川の芭蕉庵を訪ねたときのやりとりだ。「近ごろどうだ」と訊《き》かれたら「おかげさまで」などと言うのがふつうだが、芭蕉は「青い苔がいよいよ色を増したようだ」と答えた。「自分（芭蕉自身）」が消えてしまっている。さらに芭蕉は、「青苔が生じる以前の仏法とは」と芭蕉自身の仏法を問われて「蛙飛び込む水の音」と答えた。蛙が飛び込む音を聞いた「自分」がいるはずなのに、ここでも「自分」はいない。蛙が飛び込む水の音を聞いたときに、静かな風景が心の中に満ちるのを感じ、その瞬間に「我を忘れ」ている。

わび・さびと言われる芭蕉の俳句は主客の「主（私）」が取り去られているところに趣きがある。「閑《しずか》さや岩にしみ入る蟬の声」「やがて死ぬけしきは見えず蟬の声」にしても「自分」が落ちている。蟬はやがて死ぬのだが、たとえ今日死のうが、そういうことに蟬は頓着《とんじゃく》しない。蟬はあたかも自分を投げ出すことで自分を生かすことになるとばかりにひたすら鳴いているだけだ。芭蕉は蟬のそんな生き方に「自分」へのこだわりを捨てることが本当の意味で自分を大切にすることになるという禅の境地を重ね合わせたのだろうか。

右頁の問答には後日談がある。仏頂和尚は芭蕉の答えに満足し、「珍重珍重《ちんちょう》」と言って芭蕉に印可《いんか》（熟達した弟子に与えるお墨付き）を与えたという。その後、芭蕉は門弟のところへ行って、この出来事を話した。「蛙飛び込む水の音」では俳句にならないので、上《かみ》の句をみなで考えようと其角《きかく》をはじめ門弟に声をかけたが、心にかなう上の句がなかったので、みずから「古池や」としたという逸話がある。

77　【松《まつ》の事《こと》は松《まつ》に】　松が自分か、自分が松か——芭蕉

松《まつ》の事《こと》は松《まつ》に習《なら》へ、竹《たけ》の事《こと》は竹《たけ》に習《なら》へ。

私意《しい》を離《はな》れよといふ事《こと》也《なり》。この習《なら》へといふ所《ところ》をおのがままにとりて終《つい》に習《なら》はざる也《なり》。習《なら》へと云《いう》は、物《もの》に入《いり》てその微《しるし》の顕《あらわれ》て情感《じょうかんず》るや、句《く》となる所《ところ》也《なり》。

（『三冊子《さんぞうし》』）

松のことを知りたいのであれば、松に触れることだ。竹のことを知りたいのであれば、竹に触れることだ。私心を捨てて、そのもののありのままに従う態度が「習う」ことだ。「習え」ということを自分勝手に受け取っているため、結局、習わないことになる。「習え」というのは、対象の中に自分が入って一体となり、その対象の本質が表れることによって自分の中に心が生まれ、それが句となるような境地なのである。

「**松のことは松に習へ**」は、自分からあれこれ決めつけずに、「私意を離れよ」ということだ。松を主題に俳句をつくるなら、じっと松を見つづけて、松のそよぎやどっしりした感じに体を重ね合わせていく。すると、松と自分が一体になって、「自分が松か」「松が自分か」という境地になってくる。そうした心境のときにふっと生まれ出たものが句になる。まさに「**物に入《いり》てその微《しるし》の顕《あらわれ》て情感《かんず》るや、句となる**」だ。「習う」というのはまねをする（倣う）ことでもあり、一体化することでもある。江戸時代の寺子屋では、先生が言ったことを同じように復習をして習う。ただ教わるのではなく、体ごとまねをしていくということがおこなわれていた。

画家も対象を見ているうちにそこに入り込んでしまう。モネであれば、自分が睡蓮なのか睡蓮が自分なのかわからないという境地になり、池をつくって睡蓮を育て、毎日描くようになった。「睡蓮のことは睡蓮に習え」を実践したモネのように、「純粋な目」になろうとした印象派の精髄は禅の境地に近い。

78

【造化《ぞうか》】心に思うもの、みな花であれ——芭蕉

西行《さいぎょう》の和歌《わか》における、宗祇《そうぎ》の連歌《れんが》における、雪舟《せっしゅう》の絵《え》における、利休《りきゅう》が茶《ちゃ》における、其貫道《そのかんどう》する物《もの》は一《いつ》なり。しかも風雅《ふうが》におけるもの、造化《ぞうか》にしたがひて四時《しいじ》を友《とも》とす。見《み》る処《ところ》花《はな》にあらずといふ事《こと》なし。おもふ所《ところ》月《つき》にあらずといふ事《こと》なし。像《かたち》花《はな》にあらざる時《とき》は夷狄《いてき》にひとし。心《こころ》花《はな》にあらざる時《とき》は鳥獣《ちょうじゅう》に類《るい》す。夷狄《いてき》を出《いで》、鳥獣《ちょうじゅう》を離《はな》れて、**造化《ぞうか》にしたがひ、造化《ぞうか》にかへれ**となり。

(『笈《おい》の小文《こぶみ》』)

西行の和歌、宗祇の連歌、雪舟の絵、利休の茶、それぞれの道は別々だが、これらの人々を貫いているものは一つである。しかも、俳諧では、天地自然に従って四季の移り変わりを友とする。見るものすべてが花であり、思うところすべてが月のように美しいというようでなければならない。見るものに花を感じないなら野蛮人であり、心に花を思わないなら鳥や獣と同類だ。野蛮人や鳥獣の境地を離れて、**天地自然に従い、天地自然に帰れ**というのだ。

芭蕉は「**造化にしたがひ、造化にかへれ**」という境地に到達するまでに、俳諧が嫌になって放りだそうと思ったり、人に勝って誇ろうとも考えて葛藤し、一度は立身出世を願ったこともあった。学問をして自分の愚かさを悟ろうともしたが、俳諧の魅力には勝てず、無能無芸のままこの一筋を貫くことになったと書いている。

「造化《ぞうか》」とは天地自然の働きのことを言う。

花や月は美の極致の象徴であり、もっとも禅的なものでもある。芭蕉は花にしろ月にしろ、対象的に見るのではなく、それらと一体となることが必要だと説いた。対象的に見ないということは、自分を忘れることだ。私たちはすべての美しいものに触れることができるが、「忘我」、我を忘れて天地自然に身をまかせてはじめて美の本質にふれることができる。自分の意識的な言葉ではなく、自然に身をまかせたときに到来する言葉（風雅）、それこそが俳諧だと言っている。和歌、連歌、絵画、茶も道は別々だが、風雅というものを感じとることでは同じだ。美を創造するのではなく、天地自然に帰ることで生まれる風雅の道。日本の芸術と言われるものはすべて天地自然に帰るところに真髄がある。

79

【一身《いっしん》の元気《げんき》】下半身に意識を集中させよ――白隠《はくいん》（『夜船閑話《やせんかんな》』）

先須《まずすべか》らく熟睡一覚《じゅくすいいっかく》すべし。其未《そのいま》だ睡《ねむ》りにつかず、眼《まなこ》を合《がっ》せざる以前《いぜん》に向《むかっ》て、長《な》がく両脚《りょうきゃく》を展《の》べ、強《つ》よく踏《ふ》みそろへ、一身《いっしん》の元気《げんき》をして臍輪気海《ざいりんきかい》、丹田腰脚《たんでんようきゃく》、足心《そくしん》の間《あいだ》に充《み》たしめる。

（白隠＝一六八六～一七六九。江戸中期の禅僧。臨済禅中興の祖）

第一にぐっすりひと眠りすることだ。まず（仰臥して）眼をつむり、しかも眠り込まないで、両脚を強く踏みそろえるように長く伸ばし、**体中の元気を臍輪**（へそ下）、**気海、丹田、腰脚、足心**（土踏まず）**に充たすようにする。**

白隠は幼いときに地獄があると教えられて、ノイローゼになるほどに地獄を信じてしまった。しかし修行を積むなかで、不安から勝手に妄想を築きあげ、それに縛られていたことに気づいた。地獄も極楽も人間がつくり出した妄想だから、その妄想を迎え撃ち、断ち切る。地獄さえも菩薩だと思うと、心が安らぐ。こうして地獄だ極楽だという分別を断ち切ることができた。白隠は地獄こそが仏の悟りへと導いてくれたとして「**南無地獄大菩薩**」と唱えて感謝した。「ナム（南無）」は敬意・尊敬を表す。

白隠は「参禅の工夫はひとまずおいて」、まずはぐっすり眠って、さわやかに目覚めることを勧めている。寝不足だと、身心の不調などよけいなことを考えてしまう。そして、仰臥して眼をつむり、眠りに落ちるか落ちないかというときに、両脚を強く踏みそろえるように長く伸ばし、へそ下の気海丹田から腰・脚・土踏まずに意識を持っていく。こうすると意識が行った場所に気血《きけつ》（精気や血液）が運ばれ、しばらくするとそこはかとなく温かくなってくる。このとき息を深く長く吐きながらイメージを拡げる。頭寒足熱《ずかんそくねつ》で下半身を温めると気が充実する。白隠は「**このような観想《かんそう》を一週間ないし三週間つづけるならば、それまでの五臓六腑の気の滞りや、心気の衰えのための冷や汗、疲れといった症状はすっかり治るであろう。もし治らなければ、老僧《わし》の頭《こうべ》をやってもよろしい**」と言い切った。

80

【大歓喜《だいかんぎ》】 手を叩いて大笑いせよ——白隠

（『夜船閑話』）

住庵《じゅうあん》の諸子《しょし》、此心要《このしんよう》を勤《つと》めて、はげみ進《すす》んで怠《おこた》らずんば、禅病《ぜんびょう》を治《ち》し労疲《ろうひ》を救《すく》ふのみにあらず、禅門向上《ぜんもんこうじょう》の事《じ》に到《いたっ》て、年来疑団《ねんらいぎだん》あらむ人々《ひとびと》は、**大《おお》ひに手《て》を拍《はく》して大笑《たいしょう》する底《てい》の大歓喜有《だいかんぎあ》らむ。**何《なに》が故《ゆえ》ぞ。月《つき》高《たかく》して城影《じょうえい》尽《つ》く。

諸君、この奥義を励み勤めて怠らないならば、禅病が治り、疲労が回復するばかりではない。これまで理解に苦しんでいた問答においても、**手を拍《う》って大笑いするような痛快な大歓喜を得ることであろう**。悟りの境地に達すれば、もはや迷いの影はない。

白隠は、悟りを「月」、迷いを「影」に見立てて、悟りの境地に達すればもはや迷いの影はなくなり（**月高くして城影尽く**）、大いに手を叩いて大笑いする大歓喜に満たされると説いた。心の底から湧いてくる喜び、愉しさこそ、白隠の考える禅の悟りであり、けっしてきびしいイメージであったり、とり澄ましたものではなかった。禅の一流の人たちに共通しているのは「軽やかさ」だ。

　私は大学の授業で四人一組でディスカッションをしてもらって、アイデアが一つでも出たらみんなで拍手して笑うことをルールにしている。手を叩いて笑うことを何度も練習していくと、アイデアも出やすくなる。何か新しいものが生まれ出るときに笑えるというのは、体が自在であり、それにともなって精神も自在になっている。拍手はアイデアを生んだ自在さを祝福することの象徴でもある。アイデアにかぎらず、たとえば誰かがジョークを言ったら、手を叩いて笑うようにすることで、その場の空気が一瞬「**大歓喜**」となって、禅的な空気になる。

　最近の日本人は手を叩いて大笑いすることをあまりやらなくなっている。体がよどみがちで、冷め気味な現代の私たちだが、手を叩いて大笑いすることで、身心を温めて俊敏に動けるようになる。

81

【軟酥《なんそ》の法《ほう》】バターが頭上から流れ落ちる――白隠

彼《か》の浸々《しんしん》として潤下《じゅんげ》する所《ところ》の余流《よりゅう》、積《つ》もり湛《たた》へて、暖《あたた》め蘸《ひた》す事《こと》、恰《あたか》も世《よ》の良医《りょうい》の種々《しゅじゅ》妙香《みょうこう》の薬物《やくもつ》を集《あつ》め、是《これ》を煎湯《せんとう》して浴盤《よくばん》の中《なか》に盛《も》り湛《たた》へて、我《わ》が臍輪《ざいりん》已下《いか》を漬《つ》け蘸《ひた》すが如《ごと》し。

（『夜船閑話』）

このじわじわと浸みながら流れ下る流れがあふれたまって、一身を温めひたすことはちょうど、よい香りのする各種の薬草を調合して煎じ、この薬湯をたらいに湛えて、そこに臍より下を漬けひたしたようである。

ブッダは苦行では悟れないことを身をもって知り、身心を健やかにすることが大事だと説いた。白隠禅師も若いころ参禅修行のしすぎで「禅病《ぜんびょう》」にかかり、白幽《はくゆう》道士（江戸中期に京都・白川の山中に住んでいた書家・隠士）から「**軟酥《なんそ》の法**」という養生法を授かった。「酥《そ》」は牛や羊の乳からつくったクリームあるいは粗製バターのこと。白幽の「軟酥の法」の「酥」はイメージ上の「酥」だ。白隠は以下のように観想《かんそう》せよと説いた。「**色も香もよく清浄な、鴨の卵ぐらいの大きさの軟酥を頭のてっぺんに置いたと想像せよ。その絶妙な風味が骨を透ってあまねく頭の中を潤す。そして、だんだんと浸みわたり下って来て、両肩から左右の腕、そして両乳・胸膈《きょうかく》の間に浸み、さらには肺・肝・腸・胃、そして脊梁骨《せきりょうこつ》、臀骨《でんこつ》へと次第に浸みていく。こうして下に浸み流れるときに、胸の中につかえた五臓六腑の気の滞りや、その気水《きすい》の滞りによって生じた痛みは、観想する心とともに、さながら水が低きに流れるように、音を立てて降下するであろう。そして、体中をめぐり流れ、双脚を温め潤し、足心**（土踏まず）**に至ってとどまる**」

私も観想を何度となくやった。体のこわばりが解きほぐされ、全身が上からふわっとリラックスしてきて息が深くなる。すると、それまで興奮をうながす交感神経系ばかりが働いていたのが、落ち着かせるほうの副交感神経系が働く感じがするようになる。「軟酥の法」はドイツの精神科医Ｊ・Ｈ・シュルツの「自律訓練法」に通じる。手足が重い、手足が温かい、心臓が静かに打っている、などと心の中でくり返し唱えると、ある種の自己催眠状態になる。最後に背伸びをしたり首や肩をまわしてすっきりと体を目覚めさせる。私は二十歳のころに自律訓練法をやったが、体も頭もリラックスさせることができ、心身の疲れがすっきりととれ、空まわりしている頭を静めることができた。

82

【窮則変変則通《きゅうそくへんへんそくつう》】行きづまりは変化のチャンスだ——白隠（『槐安国語《かいあんこくご》』）

窮《きゅう》するときは則《すなわ》ち変《へん》じ、変《へん》ずるときは則《すなわ》ち通《つう》ず。

本当に行きづまれば、そこに変化が出てくる。変化が出てくれば、問題は解決する。

「窮すれば通ず」は中国の書『易経《えききょう》』にある「窮すれば則ち変じ、変ずれば則ち通ず、通ずれば則ち久し」から来ている。行きづまったからといって手をこまねいていたのでは、行きづまったままになってしまう。「窮」したときに「変」というプロセスをとれないと、それまでのやり方や考え方に固執したままになる。窮して「変わる」ことではじめて通じる、つまり問題が解決に向かう。

達磨から数えて五代目（五祖）の法演《ほうえん》は、「**禅は夜盗《やとう》の術を学ぶのに似ている**」と説いた。泥棒稼ぎの老父が盗みの技術を伝授するため、ある夜、息子と豪邸に押し入った。父親は長持ちの中の衣服を取り出させたあと、だまして息子をそこに入れてカギをかけ、大声で「泥棒だ！」と叫んでひとり逃げてしまった。家人に囲まれて窮した息子は、長持ちの中でネズミが物を囓《かじ》るような音を立てた。家人が何の音かとフタを開けたとたん、息子は飛びだし、庭を横切り、岩を井戸に投げ込んだ。家人が泥棒が井戸に落ちたと思って油断したすきに、息子は屋敷を逃げだして帰ってきた。息子が父親になんということをするのかと抗議すると、いやいや、もうおまえは夜盗術の極意をつかんだのだと言った。

禅の問答は、「答えが出ない問いをふっかける」→「（相手は）困って窮《きわ》まる」→「窮地に追い込まれて工夫する」→「窮地を脱したときに、はたと気づいていた」というプロセスをとる。

私は「**窮するときは則ち変じ、変ずるときは則ち通ず**」を大学の授業で実践している。たとえば歴史上の出来事を今この場で既存の曲で替え歌にしてくださいとむちゃ振りをする。学生はびっくりして窮まるが、ＡＫＢ48の『会いたかった』のメロディーで赤穂浪士の仇討ちを「討ちたかった、討ちたかった、吉良を」と切り抜けたりもする。窮してこそ「変わる」ことができるようになる。

83

【隻手音声《せきしゅおんじょう》】次元を変えて発想せよ——白隠

両掌《りょうしょう》打《う》って音声《おんじょう》あり、隻《せき》手《しゅ》に何《なん》の音《おん》声《じょう》かある。

（『隻手音声《せきしゅおんじょう》』）

両手を合わせて打てば、パンという音がするが、**片手だけで何の音があるか。**

サリンジャーの短編小説集『ナイン・ストーリーズ』の扉には「**両手の鳴る音は知る。片手の鳴る音はいかに？――禅の公案**」（野崎孝訳）という言葉が置かれている。右頁の禅の公案（問答）はそれほどによく知られている。片手で打ったらどんな音がするかと訊かれて、答えようがない。そんなとき、論理的ではなくても、そのときにぱっと思ったこと、たとえば「日なたで寝ている猫」などと答えるのはまだましだ。たいていの場合、理屈で考えようとするので逡巡《しゅんじゅん》してしまう。臨済であれば「作麼生《そもさん》」（さあどうだ、これいかに）と迫り、切羽詰まって「えーと、えーと」ともたつくと、一喝する。

禅では躊躇すること自体を嫌う。いま問われていることに答えよ、理屈で考えるな、瞬時に判断し、とりあえず何か言え。そうした「瞬間的な知性」が求められる。

非合理な問いに切り返すには、次元をまったく変える必要がある。たとえば片手でおしりを叩いてもいい。片手でおしりを叩けば、ぽんと鳴る。相手と同じ次元にとらわれている姿勢を乗り越えさせようとしているわけで、発想の転換が求められている。みんなが袋小路で行きづまっているとき、一人だけその外にあって、違う次元で動ける人がいる。トーベ・ヤンソンが『ムーミン・シリーズ』で描いた「ムーミンママ」は、みんなが困っているとき、たいしたことをするわけではないのに、雰囲気をがらりと変えて、解決策を見つけてくれる。アップルの創始者のスティーブ・ジョブズ（青年時代から禅に接し、曹洞宗の禅師に師事）が偉大だったのは発想の転換、それも次元を変えた発想をしたところにある。

サリンジャーは東洋的なるものにひかれた人で、『ナイン・ストーリーズ』の最後に出てくる少年は、ものごとがわかりすぎ、頭がよすぎる。その少年が行き着いた先が「隻手音声」というのは興味深い。

84 【法縛《ほうばく》】求めれば失う――白隠

仏経祖録《ぶっきょうそろく》も更《さら》〳〵入《い》らぬ、木地《きじ》の儘《まま》なが真《まこ》との仏《ほと》け、

仏《ほと》け求《もと》むりゃ仏《ほと》けに迷《ま》よい、法《ほう》を求《もとむ》りゃ法縛《ほうばく》を受《う》く、

仏果菩提《ぶっかぼだい》も夢中《むちゅう》の夢《ゆめ》よ、生死涅槃《しょうじねはん》も飛《と》ぶ鳥《とり》のあと、

好《よ》きも悪《あ》しきも皆打《みなうち》すてて、木地《きじ》の白地《しらじ》で月日《つきひ》を送《おく》れ、

障《さわ》りゃ濁《にご》るぞ渓河《たにがわ》の水《みず》、**問《と》ふな学《まな》ぶな手出《てだ》しをするな、**

是《これ》が真《まこ》との禅法《ぜんぼう》だ程《ほど》に、見《み》ぬが仏《ほとけ》ぞ知《し》らぬが神《かみ》よ。

（『お婆々《ばば》どの粉引歌《こひきうた》』）

仏典も祖師の言葉もいらぬ、白木（生地）のままが本来仏なのだから、何もすることはない。**仏を求めれば仏を失い、祖師の法を求めれば祖を失う。**悟りの境地など夢のまた夢、生死も涅槃もとらえられないもの。あれが好い、これが悪いなどとかかわらずに、本来のままで月日を送れ。手を入れてかきまわせば谷川の水が濁るように、**問うな、学ぶな、かかずらわるな。**これこそが真の禅法なのだから、仏だ神だと目を奪われるな。

白隠は禅をわかりやすく大衆に説いた禅僧だ。その真骨頂の一つが右頁の『お婆々《ばば》どの粉引歌《こひきうた》』（その一節）だ。

仏、仏と探していると、仏に迷ってしまう。達磨からさらにさかのぼって釈迦など究極の祖（師）を求めすぎると、とらわれてしまう。下手に知識を得ると、心が濁ってしまう。だから、好き嫌いといった先入観を落として、まっさらの白地のままに過ごせばいい。それが禅的生活というものだと説いた。

七・七・七・五の都々逸《どどいつ》節《ぶし》の形式で書かれた法語で、都々逸で禅語を読むというのもなかなかいい。親鸞の和讃《わさん》、一休の道歌、白隠の都々逸など、リズムに乗った説法は、漢文中心だったために仏教の理解をむずかしくしていたところに、日本人が入りこみやすい材料を提供してくれた。

「**見ぬが仏ぞ知らぬが神よ**」。小ざかしい知恵で固めるのではなく、ひたすら流れる川のように、すーっと生きる生き方をしてみなさいと白隠は説いた。

85

【老《お》いの名残《なごり》】無心に踊り明かそう——良寛《りょうかん》

風《かぜ》は清《きよ》し月《つき》はさやけしいざともに
踊《おど》り明《あ》かさむ老《おい》のなごりに

（『良寛歌集《りょうかんかしゅう》』）

風は清らかである。月はさやかである。さあ、一緒に踊り明かそう。老いの思い出に。

（良寛＝一七五八〜一八三一。江戸時代後期の曹洞宗の僧、歌人、漢詩人、書家）

盂蘭盆《うらぼん》の夜に詠んだ歌で、この「踊り」は盆踊り。良寛は盆踊りが好きだったという。七月十五日の満月の夜、老いの身を押して終夜踊ったものらしい。斎藤茂吉は「良寛の歌としては珍しいほど元気のよいものである。衆人会《かい》して酒を酌《く》み、法師などという概念からまったく遠離《えんり》して赤裸々《せきらら》になったところが面白い」と評している。たしかに良寛にはこんな歌もあるのだなと思わされる。

すがすがしい風、さやかな月は悟りの象徴。そうした悟りの境地にも似た情景のなかで、朝までとに踊り明かそうではないか。ただ踊るのではなく、悟りの世界に遊ぼうと言っているところがすばらしい。きびしい坐禅から離れて、夜を徹して無心に踊り明かそうという遊び心が「躍って」いる。

良寛は老いの名残《なごり》に、はるかに年若い貞心尼《ていしんに》と恋仲になり、いわば人生の最後期を踊った。「踊る」というのは、「躍る」ような心で過ごすということだ。もちろん最近とみに人気のあるダンスも、踊ることで体を解放し、それにともなって心も解放される。男女で組めば心がときめく。

「わたしが神を信ずるなら、踊ることを知っている神だけを信ずるだろう」。ニーチェは踊るという比喩を好んで使った。実際に踊るわけではないが、頭脳ではなく身体を動かして、自分の中の抑制を解放していく感覚を、踊りの高揚感として実感せよと言った。さらにニーチェは「わたしの兄弟たちよ、むしろ健康な肉体の声を聞け。これは、より誠実な、より純粋な声だ。（中略）君の思想と感受の背後に、一個の強力な支配者、知られない賢者がいるのだ。――その名が『本来のおのれ』である。君の肉体のなかに、かれが住んでいる。君の肉体がかれである」（『ツァラトゥストラ』手塚富雄訳）と説いた。踊るという行為は健康な身体が語る声だ。本来の自分の声に耳を傾けること、それは禅の境地そのものだ。

86

【天上大風《てんじょうたいふう》】風のように自在であれ——良寛

（『良寛全集《りょうかんぜんしゅう》』）

（良寛は大凧《おおだこ》に書いた）

天《てん》上《じょう》大《たい》風《ふう》

（おおかぜ）

「**天上大風**」は人の心をつかんで離さない魅力のある書だ。「天」の一画と二画が離れすぎているし、「上」は墨がどてっと乗っている。「風」も天衣無縫《てんいむほう》だ。署名の「良寛」も、もしかしたら子どもが書いたのではと思いたくなるぐらい整っていない。その整っていないところが面白い。調っていないのに、全体を見ると、絶妙にバランスがとれている。子どもにせがまれて凧に書いたというが、風のイメージが書体の自在さに現れていて、まさに風のごとく舞っている。空の上はさぞかし気持ちのいい風が吹きわたっているだろうと想像させるに十分だ。

子どもに頼まれて、「じゃあ、空の上に風があるといいね」と、すっと四文字を書いてしまう。芸術的な書を書こうと思ったわけではないが、その書が芸術として残っている。この自在さが一流の禅僧であることを感じさせる。マルセル・デュシャンは、拾ってきた男子用小便器に『泉』というタイトルをつけて出品した。芸術品ではないものも、見方しだいで芸術になることを主張した。

風は禅の境地をよく表している。天上を吹く風のようにとらわれずに生きたい。かつて『千の風になって』という曲がヒットしたが、死んだあとに風になって舞うというのはすごくいいイメージだ。風というのは自由闊達《かったつ》に人生を生きていくテーマなのかもしれない。宮沢賢治は「風のなかを自由にあるけるとか、はっきりした声で何時間も話ができるとか、じぶんの兄弟のために何円かを手伝へるとかいふやうなことはできないものから見れば神の業にも均しいものです」と手紙に書いている。

作詞家の松本隆さんは自作の『ルビーの指環』（寺尾聡・歌）に「くもりガラスの向こうは風の街」という一節を書いた。人生は風であり、私たちは風の街にいる。風が松本さんの一貫したテーマだそうだ。

87 【九十戒《きゅうじっかい》】人との付き合いの作法90——良寛

（『定本良寛全集《ていほんりょうかんぜんしゅう》』）

1 言葉《ことば》の多《おお》き
2 物言《ものい》い（言い争い）のきわどき
3 口《くち》の早《はや》き
4 話《はなし》の長《なが》き
5 問《と》わず語《がた》り
6 講釈《こうしゃく》の長《なが》き
7 差《さ》し出口《でぐち》
8 ついで（順序）なき話《はなし》
9 手柄話《てがらばなし》
10 自慢話《じまんばなし》
11 公事《くじ》（訴訟）の話《はなし》
12 諍《いさか》い話《ばなし》
13 不思議話《ふしぎばなし》
14 もの言《い》いのはてしなき
15 公儀《こうぎ》（お上《かみ》）の沙汰《さた》
16 減《へ》らず口《ぐち》
17 人《ひと》のもの言《い》いきらぬうちにもの言《い》う
18 子《こ》どもをたらす（たぶらかす）
19 言葉《ことば》の違《たが》う（食い違う）
20 たやすく約束《やくそく》する
21 よく心得《こころえ》ぬことを人《ひと》に教《おし》える
22 ことごとしく（ものものしく）もの言《い》う
23 厳《いか》つがましく（威圧的に）もの言《い》う
24 引《ひ》き事《ごと》（引用）の多《おお》き
25 ことわり（理屈）の過《す》ぎたる
26 あの人《ひと》に言《い》いてよきこ

とをこの人《ひと》に言《い》う

27 そのことのはたさぬうちにこのことを言《い》う

28 へつらうこと

29 人《ひと》の話《はなし》の邪魔《じゃま》する

30 あなどること

31 しめやかなる（しんみりとした）座《ざ》にて心《こころ》なくもの言《い》う

32 人《ひと》の隠《かく》すことをあからさまに言《い》う

33 ことごと（事あるごと）に人《ひと》の挨拶《あいさつ》を聞《き》こうとする

34 顔《かお》を見《み》つめてもの言《い》う

35 酒《さけ》に酔《よ》いてことわり言《い》う

36 腹《はら》立《た》てるときことわり言《い》う

37 酒《さけ》に酔《よ》いたる人《ひと》にことわり言《い》う

38 はやまり過《す》ぎたる

39 親切《しんせつ》らしくもの言《い》う

40 おのが氏素姓《うじすじょう》の高《たか》きを人《ひと》に語《かた》る

41 人《ひと》のことを聞《き》き取《と》らず挨拶《あいさつ》する

42 推《お》し量《はか》りのことを真実《まこと》になして言《い》う

43 悪《あ》しきと知《し》りながら言《い》い通《とお》す

44 言葉《ことば》とがめ

45 物知《ものし》り顔《がお》に言《い》う

46 さしたることもなきをこまごまと言《い》う

47 見《み》ること聞《き》くことを一《ひと》つひとつ言《い》う

48 説法《せっぽう》の上手下手《じょうずへた》

49 役人《やくにん》のよしあし

50 よくものの講釈《こうしゃく》をしたがる
51 子《こ》どものこしゃくなる
52 老人《ろうじん》のくどき（くどくどと言う）
53 若《わか》いものの無駄話《むだばなし》
54 仕方話《しかたばなし》（身振りや物まねで話す）
55 首《くび》をねじて理屈《りくつ》を言《い》う
56 こわいろ
57 引《ひ》き事《ごと》の違《たが》う
58 口《くち》をすぼめて（とがらせて）もの言《い》う
59 押《お》しの強《つよ》き
60 めずらしき話《はなし》の重《かさ》なる
61 息《いき》もつきあわせず（息つく暇もなく）もの言《い》う
62 所《ところ》に似合《にあ》わぬ話《はなし》
63 好《この》んで唐言葉《からことば》（漢語）を使《つか》う
64 人《ひと》のことわりを聞《き》きとらずして、おのがことわりを言《い》い通《とお》す
65 口《くち》まね
66 田舎者《いなかもの》の江戸言葉《えどことば》
67 都言葉《みやこことば》など覚《おぼ》えてしたり顔《がお》に言《い》う
68 よく知《し》らぬことをはばかりなく言《い》う
69 寝入《ねい》りたる人《ひと》をあわただしく起《お》こす
70 聞《き》き取《と》り話《ばなし》
71 人《ひと》に会《あ》って都合《つごう》よくとりつくろって言《い》う
72 間《ま》の切《き》れぬようにもの言《い》う
73 わざと無造作《むぞうさ》げに言《い》う
74 説法者《せっぽうしゃ》の弁《べん》をおぼえてあるいはそういたしまし

たところで嘆《なげ》き悲《かな》しむ

75 貴人《きじん》に対《たい》してああいたしまする（ぼかしたように「ああいたします」と言う）

76 さとりくさき話《はなし》

77 学者《がくしゃ》くさき話《はなし》

78 茶人《ちゃじん》くさき話《はなし》

79 風雅《ふうが》くさき話《はなし》

80 くわの口《くち》きく（さあ、そりゃ、すわなど感嘆詞を使ってもの言う）

81 さしても（これといって）なきことを論《ろん》ずる

82 節《ふし》（盛り上がり）もなきことに節《ふし》を立《た》つる

83 人《ひと》の器量《きりょう》のあるなし

84 あくびとともに念仏《ねんぶつ》

85 幸《さいわ》いの重《かさ》なりたるとき、物多《ものおお》くもらうとき、ありがたきことと言《い》う

86 人《ひと》に物《もの》くれぬ先《さき》に何々《なになに》やろうと言《い》う

87 くれてのち人《ひと》にそのことを語《かた》る

88 ああいたしました、こういたしました、ましたましたのあまり重《かさ》なる

89 おれがこうした、こうした

90 はなであしらう

良寛が挙げた九十の戒め。笑ってしまいたくなるほどに、たくさんの戒めが羅列されている。これらが良寛自身の自戒であるとすれば、良寛ほどの人でも人間関係でいろいろあったのだなと、ちょっと安心する。この「九十戒」は、「人との付き合いの作法90」と言い換えることもできる。

それにしてもこんなに戒めが多いと、誰でもそのうちのいくつかは思いあたるはずだ。九十すべてを戒めようとしたら生きづらくなってしまうが、このなかで自分が思いあたることを戒めるのならできそうだ。

「悟りなさい」「無心になりなさい」と言われると、いささか自分とは距離があるという感じがするが、たとえば「話の長き」(4番)人というのは「講釈の長き」(6番)で、「手柄話」(9番)や「自慢話」(10番)が多いから、「おれがこうした、こうした」(89番)というその「自分」を一回落としてみなさい、取り払ってみなさいと言われると、受けとめやすい。

九十の戒めの一つ一つに目を通していくと、「良寛はなぜこんなことを戒めているのか」と自然に自分に問いかけ、それによって自分を映し出す鏡にもなってくれる。そこに見えてくるのは「我まみれ」の自分である。その「まみれ」を払って「本来の我」に気づくことが禅で言う「知恵」というものだ。

なかにはちょっと首をひねる戒語もある。たとえば「顔を見つめてもの言う」(34番)。人と話すときには相手の顔をじっと見るなということだろうが、人と話すときには、相手の顔あるいは目を見て話しなさいというのが今は常識になっている。とくに欧米人を相手にするときには、この心構えは必須とされるが、いまだにこれが苦手な日本人は少なくない。相手の顔や目を見つづけて話すのは正直なところ疲れる。良寛に「顔を見つめてものを言うな」と言ってもらうと、なにやらほっとする。

今の時代は、自我が肥大して、自分が自分が、私が私が、俺が俺がと自己主張が強くなっている。人が話をしているのに、「そうそう、そういえば私はね」というふうに自分の話に持っていってしまう人、TwitterやFacebookやLINEで自分を露出させる人。そこでは言葉があふれかえっている。

「みんなが発信者」の今の時代に良寛が生きていたら、私は何を食べた、私はどこへ行った、私はこんなことを見聞きしたと、条件反射的に喧伝《けんでん》するのはやめなさい。そんなことはどうでもいいことだ。ちょっと沈黙して、心をクールダウンしなさいと戒めるにちがいない。

九十の戒めを一つ一つ読んでいくと、江戸時代のことではなくて、あたかも現代社会の現代人に向かって指摘している気がする。全部をやめなさいというきびしさよりは、これほどに私たちはくだらないことをずっとやりつづけているのだということをユーモアまじりに気づかせてくれている。

88 【無心《むしん》】飽かずに手まりをつこう——良寛

子《こ》どもらと手《て》たづさはりて春《はる》の野《ぬ》に若菜《わかな》をつめばたぬしくあるかな
草《くさ》の庵《いお》に足《あし》さしのべて小山田《おやまだ》の山田《やまだ》のかはづ聞《き》くがたのしさ
子供《こども》らと手《て》まりつきつつこの里《さと》にあそぶ春日《はるひ》は暮《く》れずともよし

（『良寛歌集』）

子どもらと手を取り合って春の野に若菜を摘むのはなんと愉しいことだろう。
粗末な庵で足を伸ばして、山の田で鳴く蛙の声を聞くことの愉しさよ。
この里で手まりをつきながら子どもらと遊ぶ春の一日はいつまでも暮れないといい。

良寛にとって子どもたちと一緒にいるのは何より愉しい時間だった。子どもは「遊ぶ存在」。そんな子どもたちと一緒にいると、自分も子どもの心に返って遊びに没頭して無心になれる。それがはからずも良寛にとって最上の悟りの時間になっていた。

渡辺京二氏の『逝《ゆ》きし世の面影』という本によると、江戸時代は子どもの楽園だったという。大人の男でも家にいることも多く、暇もあったので、子どもを抱っこして虫の音を聴かせたりする。子どもたちはあまり叱られもせず、まるで楽園にいるようだった。幕末から明治にかけて日本を訪れた西洋人は、日本の子どもの甘やかされぶりにびっくりしたという。

昔は子どもと将棋をさしたりする大人が結構いたが、今の日本は大人が子どもといる時間が短くなっている。子どもがいない家も多くなっている。だから、子どもと一緒にいる時間の価値がわかりにくくなっている。

手まりつきは、反復的でリズミカルな運動だ。反復的でリズミカルな運動は、脳内のセロトニン神経系を活性化させ、不安を収め、心を安定させる効果があるというから、手まりつきもセロトニン神経系の働きを活性化させるのに一役買っているのかもしれない。息のしかたによって心や身体の機能を向上させる呼吸法も同じ効果がある。

「霞立つ永き春日に子供らと遊ぶ春日はたのしくあるかな」「霞立つながき春日に子供らと手毬《てまり》つきつつこの日暮らしつ」――子どもの素朴さをこよなく愛し、一緒にいる時間を大切にした良寛の生き方、価値観は、私たちを惹きつけるものがある。

89

【沫雪《あわゆき》ぞ降《ふ》る】雪降る中に宇宙があり、宇宙の中に雪が降る――良寛

（『良寛歌集』）

あわ雪《ゆき》の中《なか》に顕《た》ちたる三千大千世界《みちおおち》

またその中《なか》に沫雪《あわゆき》ぞ降《ふ》る

あわ雪の降るなかにじっとたたずんでいると、何もかも包みこむ宇宙が立ち現れてくるのがわかる。あっ、そんななかにもまた、あわ雪が舞っているな。

仏教の宇宙観では十億個（千の三乗）の世界が集まった広大無辺の世界を「三千大千世界《さんぜんだいせんせかい》」と言う。良寛は右の歌で「さんぜんだいせんせかい」とせずに、「みちおおち」というふうに和語でルビを振って、静かな和らぎを表現した。ふわりふわり舞い落ちる春先のあわ雪。それを見る良寛の心は立ち現れた宇宙に包みこまれ、一片一片のあわ雪が仏と映ったのだろうか。

歌人の吉野秀雄氏は『良寛歌集』の解説で、「雪降る中に宇宙があり、宇宙の中に雪が降る」ということを通して仏の教えを歌ったもので、この一首のよさは、それを抒情にまで高めたことの美しさであり、その美しさの本源は、良寛が脳裏《のうり》に雪を降らせているのではなく、みだれ散るあわ雪を凝然《ぎょうぜん》と見守っていることにもとづいている、と書いた。あわ雪が降っている風景を私たちがふっと目にした瞬間に、仏教の大宇宙がそこに立ち現れている。この「立ち現れる」というのがポイントだ。

哲学者の大森荘蔵《しょうぞう》氏は「天地有情」ということを唱えた。いま眼前に世界が現れているとすると、その世界と自分はばらばらのものではなく、自分の心は内側にとじたものではなく、そうした風景の中の天地のあいだの一つの小さな前景になっていると説いた。

あわ雪が落ちてくる。「私」の心はその中に包みこまれている。あわ雪が降るときだけでなく、さまざまな瞬間にこの世界に仏教の大宇宙が立ち現れて、その中に自分が包みこまれているという感覚は、気づいていないだけのことで、一日に一回ぐらいは感じているのではないか。夜空を見たとき、激しい風雨に巻きこまれたとき、もしかしたらこの情景は仏の世界なのかもしれないと感じとる。「自分」と「外の世界」が溶け合う抒情というものが悟りの世界なのかもしれない。

90

【災難《さいなん》】静かに受け入れてみなさい——良寛

災《さい》難《なん》に逢《あ》ふ時《とき》は災《さい》難《なん》に逢《あ》ふがよく候《そうろう》。死ぬる時《じ》節《せつ》には死《し》ぬがよく候《そうろう》。是《これ》はこれ災《さい》難《なん》をのがるる妙《みょう》法《ほう》にて候《そうろう》。

（『良寛歌集』）

災難にあったら慌てず騒がず災難を受け入れなさい。死ぬ時が来たら静かに死を受け入れなさい。これが災難にあわない秘訣です。

「**うちつけに死なば死なずてながらへてかかる憂き目を見るがわびしさ**」（突然みんなと一緒に死んでしまえばよかったのだが、なまじ生き残って、こんなつらいありさまを見るのは痛ましいことだ）。良寛が七十一歳のとき、新潟・三条を中心に大地震が起こった。良寛の住んでいる地域は被害が少なかったが、親友の山田杜皐《とこう》は「災難に逢った」。その見舞いの手紙にある歌だ。

災難にあったら災難を受け入れる、死ぬときには静かに死を受け入れる。これが災難や死の恐れをのがれる妙法だと書いている。しかし災難にあわないように苦労している、死ぬのが嫌だから苦にしているのだから、聞きようによってはずいぶんと冷たい言葉だ。災難や死を想定して準備・対策を立てることは大事だが、準備が整ったならば、それ以上不安がってもしょうがない。来るものは来る、死ぬものは死ぬということを受け入れれば、不安からふっと抜け出られる。不安や悲観によって「心の災害」を招かないようにするための絶妙の方法なのかもしれない。良寛は「頑張れ」とは一言も書いていないが、手紙をもらった杜皐は「この災難の中で生き抜いていこう」と思ったにちがいない。

かつての日本人はおしなべてカツカツのレベルで必死に生きてきたから、失うものは何もないと、迷いがなく精神がタフだった。ところが今の世の中は、余裕があるぶん、失うのが怖くて守りに入りすぎている人が少なくない。守りに入りすぎると、いろいろなことに災難が襲ってくるように思えて、よけいに不安を増幅させてしまう。良寛は、うれしいとか悲しいとか、良いとか悪いとか決めつける前に、この世で起こることをまずは受け入れてみなさい。そうすれば本当に失って困るものなどたいしてないことがわかるようになると言いたかったのだろう。

91 【十《とお》から一《いち》へ】気持ちを新たにしてくり返せ――良寛

（『良寛歌集』）

（良寛は貞心尼《ていしんに》に歌を返した）

つきてみよひふみよいむなやここのとを
十《とお》とをさめてまた始《はじ》まるを

手まりをついてみなさい。一二三四五六七八九十で、十までついたらまた一からはじめます。

夫と離縁して出家した貞心尼（曹洞宗の尼僧）は良寛のもとを訪ねたが、会えずじまいだった。そこで貞心尼は、良寛が好きな手まりに歌を添えて、置いて帰った。「**これぞこの仏の道に遊びつつつくやつきせぬ御《み》のりなるらむ**」。良寛がこれに返歌したのが右頁の歌だ。

貞心尼は仏道を手まり遊びになぞらえて、仏法は求めても求めても得られないものなのでしょうかと問い、法の教えを尋ねた。それ対して良寛は、手まりをついてみなさい（仏法を修めてみなさい）、一から十まで（初めから終わりまで）。そして十まで行って終わった（悟りを得た）と思ったら、そこからさらにはじまるのだと返した。

無意識に手まりをつくのではなく、一回一回、意識して数えていって、十まで来たら、また一にもどってはじめる。規則的なくり返しを意識してやる。これは一種の念仏だ。

私たちのふだんの生活はくり返しから成っていることが多いが、無意識に過ごしているので、くり返しということを忘れがちだ。だから、ともすると惰性《だせい》に流れるが、くり返しのはじまりごとに気持ちを新たにすると、毎日の生活が変わってくる。朝が来た、お天道さんを拝んで、ありがたいありがたいと言ってご飯を食べ、今日も働けることにありがたいと感謝する。今日は十で収めてまた明日会社に行って一からはじめる。毎日くり返すことではあっても、はじまりのときに気持ちを新たにする。まさに「日々これ新た」だ。

貞心尼は雪が深く降り積もっているときでも良寛のもとに通い、良寛もそれに応えた。そんな二人の気持ちが、この歌のやりとりからはじまったと思うと味わい深い。

92 【茶禅一致《ちゃぜんいっち》】リラックスしていながら覚醒——栄西《えいさい》（『喫茶養生記《きっさようじょうき》』）

茶《ちゃ》は養生《ようじょう》の仙薬《せんやく》なり。延齢《えんれい》の妙術《みょうじゅつ》なり。山谷《さんや》之《これ》を生《しょう》ずれば其《その》の地神霊《ちしんれい》なり。人倫《じんりん》之《これ》を採《と》れば其《そ》の人長命《ひとちょうめい》なり。（中略）昔《むか》しは医方添削《いほうてんさく》せずして治《なお》す。今人《こんじん》は斟酌《しんしゃく》すること寡《すく》なきか。伏《ふ》して惟《おもんみ》れば、天《てん》、万像《ばんしょう》を造《つく》るに、人《ひと》を造《つく》るを貴《たっと》しとなす。人《ひと》、一期《いちご》を保《たも》つに、命《いのち》を守《まも》るを賢《かしこ》しとなす。

茶は人間の命を養う仙薬であり、人の寿命を延ばす秘訣である。山や谷に茶の木が生えれば、そこは神聖にして霊験《れいげん》あらたかな地であり、人がこれを採って飲めば、命は長寿を得る。（中略）昔の人は医療に頼らないで病気を治したが、今の人は健康への配慮が欠けているようである。つらつら思うに、天が万物を創造するにあたって、人を造ることを重要なこととしたのであり、したがって人は自分の一生の健康を保ち、一命を得ることを大事なこととしなくてはならない。

（栄西《えいさい》＝「ようさい」とも。一一四一〜一二一五。平安末期から鎌倉初期の僧）

日本の臨済宗の開祖である栄西は、中国・宋に渡り、禅の修行を積んだときに茶の種を持ち帰り、それを蒔いて「茶の文化」を日本に植えつけた。日本がお茶を飲む国、緑茶の国になったのは栄西の貢献が大きい。私は静岡県に生まれ育ったので、小学生のときには、牧の原台地などの茶畑に社会科見学に行って、もともとお茶は栄西が中国から日本に持ってきたので、栄西のおかげで静岡はこんなにお茶が豊かに採れますという話を聞いたものだ。

シヴェルブシュという人が『楽園・味覚・理性――嗜好品の歴史』という本で、中世ヨーロッパでビールやワインが「主食」であった「酩酊《めいてい》の時代」に、香辛料による生活様式の洗練化によって嗜好が変わり、コーヒー、茶、チョコレートの摂取によって「理性が目覚め」、資本主義の定着に一役買い、それが近代の幕開けになったと書いている。今の若い人たちは酒をあまり飲まなくなっている。いわば「酩酊」から「クールに覚醒」へだが、それは近代人の意識が冷めて覚醒してきた軌跡と重なる。

東洋ではヨーロッパよりずっと早く、茶を飲むと、酔いとは異なる、覚めているが落ち着いて気分がいい状態になることから茶がたしなまれた。禅の境地は、安らかで、いい感じに覚醒した状態にあり、リラックスしていながら集中した状態だ。お茶を飲んだときの身体感覚に近いので、茶と禅というのは昔から相性がよかった。栄西は茶を養生法として説いたが、やがて茶を飲んだときの身体感覚が禅と結びつき、千利休に至って茶と禅が完全に一体化し、あらためて世に広まっていった。「茶禅一致」だ。

93

【和敬清寂《わけいせいじゃく》】シンプルに考えよ――千利休《せんのりきゅう》

（『茶祖伝《ちゃそでん》』）（『利休百首《りきゅうひゃくしゅ》』）

和《わ》敬《けい》清《せい》寂《じゃく》（能《よ》く和《わ》し、能《よ》く敬《けい》し、能《よ》く清《きよ》く、能《よ》く寂《じゃく》なり）

茶《ちゃ》の湯《ゆ》とはただ湯《ゆ》をわかし茶《ちゃ》をたてのむばかりなる事《こと》と知《し》るべし

釜《かま》一《ひと》つあれば茶《ちゃ》の湯《ゆ》はなるものを数《かず》の道《どう》具《ぐ》を持《も》つは愚《おろ》かな

（千利休＝一五二二～九一。戦国時代から安土桃山にかけての商人、茶人）

「**和敬清寂**」。「和」をもって主客が互いに打ち解け、謙虚に相手を「敬い」、「清き」こと明鏡のごとくにして、「寂《しず》か」つまり無念無心を理想とするという茶の湯の精神を千利休は「和敬清寂」の四字に表した（茶祖・村田珠光《じゅこう》が将軍足利義政に茶の湯の精神を尋ねられて答えた言葉を利休がアレンジしたとされる）。利休は茶の道を大成した人だが、その心得は「シンプルに考えよ」だった。

茶の湯とは湯を沸かして茶を点《た》てて喫《の》むだけのこと、釜一つあればいいのだから道具をやたらに持つなと言った。茶を喫むことだけに徹するというのは、うまく見せようとか重々しく見せようとするのとは異なり、じつはなかなかに豊かで深みがある。利休以前は「貴族のお茶」で、広々した部屋で茶を点てていた。唐物《からもの》といって中国から取り寄せた茶器を見せびらかすのが地位の象徴だった。利休はそれを否定し、茶室をどんどん小さくし、庭の花を取り払って一輪だけ茶室に生けるなどした。

『へうげもの』（読みは「ひょうげもの」。「ひょうきんもの」「お調子者」の意）という山田芳裕さんの漫画では、「茶聖」と称される千利休は無駄を排した「わび茶」に最高の価値を見いだし、それを広めるために秀吉と組んで本能寺の変を起こし、信長の「華の美」を終わらせた（以上、漫画のストーリー）。「わびの美」は隆盛を極めたが、信長の「華の美」を再現しようとした秀吉と対立して利休は死に追い込まれた。しかし利休と秀吉は茶を通してわかりあえていた。武将たちはお茶の世界を愉しみ、名物（茶器）が一国の領土よりもてはやされた。秀吉は派手好みの非文化的な人というイメージもあるが、じつは文化を深く理解していた。利休の「和敬清寂」（おもてなし）の精神と華美なものをそぎ落として「シンプルに」という考え方を、二〇二〇年の東京オリンピックに活かすべきかもしれない。

94 【天地中和《てんちちゅうわ》】天地自然の調和を愉しむ――沢庵

美麗《びれい》を好《この》まず。道具《どうぐ》を以《もっ》て、心《こころ》を新《あらた》にして、四時《しじ》の風景《ふうけい》を忘《わす》れず、破《あらそ》わず、貪《むさぼ》らず、奢《おご》らず、謹《つつしみ》て疎《おろそ》かならず、直《すなお》にして真実《まこと》なるを、茶《ちゃ》の湯《ゆ》といふなるべし。是則《これすなわち》天地《てんち》自然《しぜん》の和気《わき》を翫《なら》ひ、山川《さんせん》木石《ぼくせき》を炉辺《ろべ》に移《うつ》して、五行《ごぎょう》備《そなわ》る。天地《てんち》の流《なが》れを汲《くみ》て、風味《ふうみ》を口《くち》に味《あじわ》ふ、大《おお》いなる哉《かな》。

天地中和《てんちちゅうわ》の気《き》をたのしむは、茶《ちゃ》の湯《ゆ》の道《みち》なるべし。

（『沢庵和尚茶亭之記《たくあんおしょうちゃていのき》』）

華美を好まず、道具は古くとも心を新たにして、四季の風景に思いをはせ、争わず、むさぼらず、おごらず、慎むことに専一し、飾り気なくありのままであることが茶の湯の要諦である。天地自然が調和していることに喜びを感じ、山川自然の木石を一室に移して、そこに一つの小天地をつくりだす。こうして**天地の一大調和を愉しむことが、茶の湯の道というものである。**

右頁の言葉が収められた『沢庵和尚茶亭之記』は、柳生宗矩《やぎゅうむねのり》の茶亭で沢庵と小堀遠州《こぼりえんしゅう》がおこなった茶談をとりあげたものという。前にも沢庵の言葉をとりあげたが、とにかく説明が端的だ。右頁の前段では「**今の人は、偏《ひとえ》に朋友《ほうゆう》を招きて会談の媒《なかだち》とし、飲食を快とし、口腹《こうふく》の助《たすけ》とす。かつ茶室に美を尽し、珍器の品を揃へ、手の巧みなるを誇り、他人のつたなさを嘲る。みな茶の湯の本意にあらず**」と言っている。現代語訳がいらないほど、すーっと入ってくる。そして、争わず、むさぼらず、おごらずと右頁につづき、天地自然の調和を茶室という小宇宙に再現し、茶を喫むことで自然の調和を味わった。

沢庵が茶談をした小堀遠州（安土桃山から江戸時代前期の大名、茶人、作庭家）の流れをくむ小堀流の当代・小堀宗実《そうじつ》氏と対談したとき、茶はむずかしいことを考えずに自然に愉しめばいい、しかし、客人を迎え入れるほうは、掛け軸や庭の造り方など学ぶことがたくさんあるとおっしゃっていた。宗実氏の著『茶の湯の不思議』には、所作の基本は「ものと相手を大切にする精神」にあり、たとえば茶碗を押し戴くように目礼するのは大切なお茶碗で茶をいただく、つまり物と茶人に感謝すること。茶碗を九十度ほどまわすのは茶碗とその持ち主への謙譲の意味が込められているなど、興味深い話が満載だ。

95

【一円相《いちえんそう》】円満であれ——仙厓《せんがい》

（『禅の名僧列伝』）

（仙崖は円を描いて言葉を添えた）

「これくふて　茶《ちゃ》のめ」

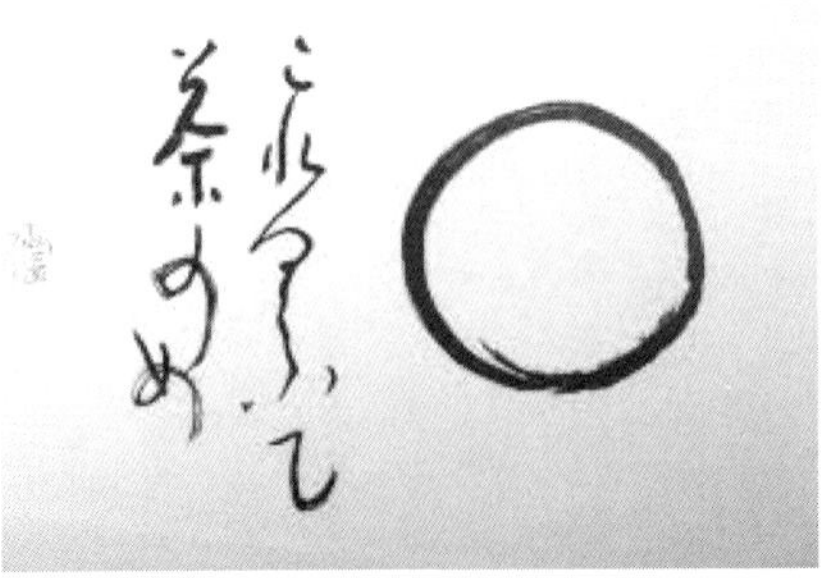

「茶菓子を食べてお茶でも飲んで、まあ一休みしなさい」

（仙厓＝一七五〇〜一八三七。江戸時代の臨済宗の僧、画人）

禅の世界では「〇」（円）は悟りの境地や宇宙観を表すという。江戸時代の臨済宗の禅僧で、禅味溢れる画で知られる仙厓は、その円を餅に見立てて、**「これくふて　茶のめ」**、そんなものは食ってしまって茶でも喫め、と説いた。

茶は茶菓子とセットで出されるが、円をさっと描いて、これを食ってみろと言われても、絵に描いた餅など食えるわけがない。「たんなる円だから食べ物の体《てい》さえなしていない」などと答えたのでは禅の妙味がわかっていないことになる。「じゃあ、いただきましょう。おいしいですね。やっぱり円というものは最高ですね。ふくよかで味わいがある」ぐらいの感想を言わないとだめなわけだ。

円を描くという習慣が禅の伝統にあって、どこも角張ったところがなく、欠けたところがない。始まりも終わりもない。物事を分別して切り分けるのではなく、すべて世の中はつながっていて、一つの因果でできていることを表している。原因があって結果があるというのが因果。世の中はすべて縁起《えんぎ》・因縁でできているというのが仏教の基本的な考え方だ。宇宙全体、森羅万象の世界の究極の形を凝縮して描くと「円」になる。円は過不足のない状態、円満な状態を表す。仏教には「円」が頭につく言葉が多い。「円覚《えんがく》」（円満で欠けたところがない悟り＝本覚《ほんがく》）、「円悟《えんご》」（完全な悟り）、「円融《えんゆう》」（「えんにゅう」とも。それぞれの事物が、その立場を保ちながら一体であり、互いに融け合っていてさわりのないこと）。

禅の世界では軽やかさを大事にする。「これくふて　茶のめ」という人を食ったようなユーモアもその現れだが、最高の茶菓子でいただく茶というのは、こういうふうに丸く収まっている悟りの境地でお茶をいただくことなのだろう。

96

【無敵《むてき》】敵も無敵も心がつくるのだ——山岡鉄舟《やまおかてっしゅう》

剣法者《けんぽうは》、鍛錬刻苦《たんれんこっく》して無敵《むてき》に至《いた》りたるを以《もっ》て至極《しごく》とす。優劣《ゆうれつ》ある時《とき》は無敵《むてき》にあらず。是《こ》れ皆心《みなこころ》のなす所《ところ》にして、優者《ゆうしゃ》に向《むか》ふ時《とき》は心止《こころとどま》り、太刀控《たちひか》へて運《はこ》ばず。心《こころ》に敵《てき》を求《もと》め、自《みずか》ら心《こころ》を止《とど》め、太刀控《たちひか》へて運《はこ》ばざるなり。

（『山岡鉄舟　剣禅話《けんぜんわ》』）

（山岡鉄舟＝一八三六～八八。幕末から明治の幕臣、政治家）

剣法をきわめたところの到達点は、無敵の状態になることだ。優劣の考えが自分の中にあるときは、無敵の状態とは言えない。それはすべて心の問題なのだ。まず、優者に向かうときには心の動きが止まり、太刀は抑制されてしまって動かない。というのは、**心が敵を求めているから、心は自分によって押しとどめられてしまい、そのために太刀は抑制されてうまく動かないのである。**

大森曹玄《そうげん》氏は『剣と禅』で「呼吸を調えるということは、剣、禅はもちろんのこと、あらゆる芸道においてその要領をのみこむことを『呼吸を知る』という言葉もあるくらいの大事であるが、その割に案外重要視されていないのではないだろうか」と書いている。生死をやりとりするぎりぎりのところを生きるのが剣の世界だが、日本には剣と禅を結び合わせる伝統がある。剣を振るときに、呼吸を通して無心にならないとやられてしまう。無敵の状態とは敵がいないことだが、山岡鉄舟は相手よりすぐれていると考えるときも無敵ではないとした。敵は心がつくりだすものだから、自分のほうが勝っていると思ったとたんに油断してしまう。反対に自分より優れたものに向かうときも、敵を恐れすぎて体が固まってしまう。ひらたくいえばびびってしまうので、刀の動きが止まってしまう。本当の天下無敵とは、どんな相手であろうと、心の中で敵をつくらない状態なのかもしれない。それは執着を捨てよという禅の境地でもある。「剣禅一如《けんぜんいちにょ》」、剣術を通して悟る。勝海舟も剣と禅をセットで修行したと言っている。

97 【放《はな》れ】待つ心を学べ――ヘリゲル／阿波研造《あわけんぞう》

（『弓と禅』）

（オイゲン・ヘリゲルは弓道の師である阿波研造に教えられた）

あなたは何《なに》をしなければならないかを考《かんが》えてはいけません。**どのように放《はな》れをやるべきであるかとあれこれ考《かんが》えてはならないのです。**射《しゃ》というものは実際《じっさい》、射手自身《しゃしゅじしん》がびっくりするような時《とき》にだけ滑《なめ》らかになるのです。弓《ゆみ》の弦《げん》が、それをしっかり抑《おさ》えている親指《おやゆび》を卒然《そつぜん》として切断《せつだん》する底《てい》でなければなりません。すなわちあなたは右手《みぎて》を故意《こい》に開《ひら》いてはいけないのです。

ドイツの哲学者オイゲン・ヘリゲル（一八八四〜一九五五）は大正十三年から昭和四年まで東北帝国大学に招かれて哲学を講義した。この間、「弓聖《きゅうせい》」と言われた阿波研造（一八八〇〜一九三九）を師として弓の修行に励んだ。阿波は「心で射る弓」という「弓禅一如《きゅうぜんいちにょ》」（弓術を通して悟る）の体現者で、テクニックとしての弓を否定し、精神修養として弓の道を追求した。

ヘリゲルは学者なので弓術でも理詰めに考えようとし、早く上達したいと思うがゆえについつい先を急いでしまう。それに対して阿波は、的を狙おうとしないことと弓はおのずと放れていくことを説いた。「**放れ**」というのは、「私が放す」のではなく、「自然に放れていく」状態をつくること。一、二の三で放すのではなく、自然にはらりと放れていく。それには、木の葉が自然にはらりと落ちていくように、自分が何かをするというその「自分」を落とさないといけない。

自我の介入を抑える自制心や無心の状態をつくることは、ヘリゲルのような西洋人にはとてもわかりにくかった。しかし、これが自然にできるようになると、「正しく待つ」ことができるようになる。追い立てられるように忙しく暮らしている私たちも、自然に放れていくのを待つ心を学ぶ必要がある。

「待つ心」は自然に教えられるところが大きい。植物を見ていると、なんのはからいもなく自然に芽を出し、自然に伸び、自然に花開く。一年ぐらいたつと、信じられないぐらい大きくなっている。ガーデニングも「待つ心」を学ぶのに似ている。「大きくなあれ、大きくなあれ」と念じながら待つ心だ。

98 【それが射《い》ました】過剰な意識を落としなさい――ヘリゲル／阿波研造 （『弓と禅』）

その頃《ころ》ある日《ひ》のこと、私《わたし》が一射《いっしゃ》すると、師範《しはん》は丁重《ていちょう》にお辞儀《じぎ》をして稽古《けいこ》を中断《ちゅうだん》させた。私《わたし》が面食《めんく》らって彼《かれ》をまじまじと見《み》ていると、「**今《いま》し方《がた》〝それ〟が射《い》ました**」と彼《かれ》は叫《さけ》んだのであった。（中略）「この射《しゃ》ではあなたは完全《かんぜん》に自己《じこ》を忘《わす》れ、無心《むしん》になって一杯《いっぱい》に引《ひ》き絞《しぼ》り、満《まん》を持《じ》していました。その時《とき》射《しゃ》は熟《じゅく》した果物《くだもの》のようにあなたから落《お》ちたのです。さあ何《なん》でもなかったように稽古《けいこ》を続《つづ》けなさい」

師の阿波は稽古に入って四年目になるヘリゲルに「じっと辛抱して、何がどう現れてくるか、お待ちなさい。あなたが本当に無我になりきったならば、いつでもやめてよいのです。だからそこを稽古しなさい」と説いた。しかし無心になって満を持すことができないヘリゲルはある日、「もし〝私が〟それをしなければ、いったい射というのはどうして放されることができましょうか」と問うた。師は「〝それ〟が射るのです」と答えた。その答えに納得のいかないヘリゲルは、「もしも〝私が〟そこに在ってはならないのなら、どうして放れを待つことができましょうか」と問うと、師は「〝それ〟が満を持しているのです」と答えた。「では〝それ〟とは誰ですか。何ですか」と問うた。師は「ひとたびそれがわかったときには、あなたはもはや私を必要としません。とにかく稽古しましょう」とうながした。ヘリゲルはこのとき、無我のことがまだわかっていなかった。

それから幾週かが過ぎたある日、右頁の出来事が起きた。「**〝それ〟が射ました**」というのは面白い表現だ。射手が射たのではなく、矢が自然に射たとしか言いようがないことが起きた。「今し方〝それ〟が射ました」と師がヘリゲルに叫んだとき、何が起きたか。師に言わせると、「自分」という存在を完全に忘れ、無心になって弓をいっぱいに引き絞り、満を持していたとき、「**射は熟した果物のようにあなたから落ちた**」。そしてヘリゲルから「自分」が消えた瞬間のすばらしさを、師はお辞儀をして祝福した。

的を射よう射ようとする焦りがかえってわざわいし、反対にそうした気持ちを落としたときに成就する。目的に対する過剰な意識をいったん落とし、満を持す構えになると自然に成就するというのは、私たちの生き方のヒントにもなる。

99【「?」と「!」】いつも心を新鮮に――まど・みちお

（『トンチンカン夫婦《ふうふ》』）

満《まん》91歳《さい》のボケじじいの私《わたし》と
満《まん》84歳《さい》のボケばばあの女房《にょうぼう》とはこの頃《ごろ》
毎日《まいにち》競争《きょうそう》でトンチンカンをやり合《あ》っている
私《わたし》が片足《かたあし》に2枚《まい》かさねてはいたまま
もう片足《かたあし》の靴下《くつした》が見《み》つからないと騒《さわ》ぐと
彼女《かのじょ》は米《こめ》も入《い》れてない炊飯器《すいはんき》に
スイッチ入《い》れてごはんですようと私《わたし》をよぶ

おかげでさくばくたる老夫婦《ろうふうふ》の暮《く》らしに
笑《わら》いはたえずこれぞ天《てん》の恵《めぐ》みと
図《ず》にのって二人《ふたり》ははしゃぎ
明日《あした》はまたどんな珍《めずら》しいトンチンカンを
お恵《めぐ》みいただけるかと胸《むね》ふくらませている
厚《あつ》かましくも天《てん》まで仰《あお》ぎ見《み》て…

（まど・みちお＝一九〇九～二〇一四。詩人）

一昨年、百四歳で亡くなったまど・みちおさんの『百歳日記』に「私は能がなくて、頭の中にいつもクエスチョンマークしかないんですよ。それがたまに『!』と感嘆符になることがある。（中略）私はこんなふうに、『?』と『!』の間を行ったり来たりしております。だから、私の日記帳は毎日、『?』と『!』ばっかりです。世の中に『?』と『!』と両方あれば、ほかにはもう、何もいらんのじゃないでしょうかね?」とある。生きる力が落ちていくのが老いとふつうは考えるが、まどさんは「?」と首をかしげる振る舞いを逆転の発想で「!」と考えて、今日もまた現れるトンチンカンな振る舞いを夫婦で笑い合っている。これこそが「天の恵み」と、明日はどんなお恵みがあるかを愉しみにしている。

トンチンカンな振る舞いは効率からすれば得はないが、「こういう振る舞いが正しいのだ」という規範から考えを離すと、心の自由さ、豊かさ、余裕を持つことができる。「疑問」を持つことと「驚き」があれば、人生はほかに何もいらないと言うまど・みちおさんの心境は禅の境地に通じる。

だから、まど・みちおさんの心はいつも新鮮だ。新鮮な心でアリを見つめると、「アリは／あんまり小さいので／からだは　ないように見える／いのちだけが　はだかで／きらきらと／はたらいているように見える／ほんの　そっとでも／さわったら／火花が　とびちりそうに…」（「アリ」）というふうにアリの生命の充溢に感動できる。あるいは、「つぼを　見ていると／しらぬまに／つぼの　ぶんまで／いきを　している」「つぼは／ひじょうに　しずかに／たっているので／すわっているように／見える」（「つぼ・Ⅰ」「つぼ・Ⅱ」）というふうに、壺と一緒に息をしている感覚になり、壺は立っているのか坐っているのかと、禅問答のような境地に入る。

100

【富士《ふじ》の煙《けぶり》】心を大きく持ちなさい――西行《さいぎょう》

風《かぜ》になびく富士《ふじ》の煙《けぶり》の空《そら》にきえて
行方《ゆくえ》も知《し》らぬ我《わ》が思《おも》ひかな

（『山家集《さんかしゅう》』）

富士から立ちのぼる煙は空に吸い込まれて、どこへともなく消えていく。その煙と同じように いつまでも揺れつづける私の心は、果てはどこへゆくのかわからない。

（西行＝一一一八〜九〇。平安時代末から鎌倉時代初期にかけての武士、僧侶、歌人）

西行は妻子を残して出家し、生涯、旅をつづけた。平安時代の終わりに平清盛によって焼き討ちにあった東大寺再建のため、鎌倉の源頼朝の許しを得て東北の藤原秀衡《ひでひら》への勧進《かんじん》の旅に出かけた晩年の西行(この最晩年のみちのくへの旅になぞらえて、西行没後五百年に、その足跡をたどる旅をしたのが芭蕉)。この旅の途次《とじ》、東海道で右頁の歌を詠んだ。

当時は富士山が煙を出していた。『竹取物語』にも「不死の山」として出てくる富士山。その煙が空に消えていくのを見ながら、自分の思いも行方もわからなく消えていくと詠んだ。「**行方も知らぬ我が思ひかな**」という不安が富士山の煙と溶け合って、自然と人生が完全な調和をなしえ、どこか平安さえ感じさせる。富士山の煙と自分の思いを重ね合わせた雄大な歌だ。

自分の思いが風に消えていく煙のようだというのは、心は結局のところ縛ることのできないものであり、一切は空である。しかし、心を縛ることができないからといって悩むのではなく、富士の煙のようにすーっと消えていくものだというふうに受けとめれば、「行方も知らぬ」そのままに、とらえどころのない心と付き合って生きていくのが人生なのだという境地に西行は人生の最後に到達したのだろう。

誰かが何かを好きになったが、その気持ちが失せてしまった、そしてまた夢中になったが、また失せてしまった。そんなふうに落ち込んだり回復したりする心の動きに一喜一憂せずに、すべては煙のようにどこへ行くかわからないぐらいの心持ちでいると、心が安らかになる。この歌を覚えておいて、自分の心に重荷を抱えたときに口ずさむと、ずいぶん気持ちが楽になるだろう。雄大な富士山を見ていると、私たちは自然と心が大きくなってくる。

【主な参考・引用文献】（五十音順）

『一休道歌　三十一文字の法の歌』禅文化研究所編、禅文化研究所
『茨木のり子集　言の葉』ちくま文庫
『槐安国語』白隠、道前宗閑訓注、禅文化研究所
『薤露行』夏目漱石、「倫敦塔・幻影の盾　他五篇」岩波文庫
『覚醒の炎　プンジャジの教え』デーヴィッド・ゴッドマン編、福間巖訳、ナチュラルスピリット
『学問のすゝめ』福澤諭吉、伊藤正雄校注、講談社学術文庫
『空っぽの鏡・馬祖』和尚講話、スワミ・アナンド・ソパン訳、スワミ・アナンド・モンジュ照校、壮神社
『漢詩名句辞典』鎌田正・米山寅太郎、大修館書店
『喫茶養生記』栄西、古田紹欽訳注、講談社学術文庫
『狂雲集』柳田聖山訳、中公クラシックス
『虚堂録義解　第一〜第五巻』智愚・妙源・中島鉄心、虚堂録義解刊行会
『去来抄・三冊子・旅寝論』芭蕉、潁原退蔵校注、岩波文庫ワイド版
『勤勉の哲学　日本人を動かす原理・その2』山本七平、祥伝社
『訓注祖堂集』古賀英彦、花園大学国際禅学研究所
『景徳伝灯録　五』景徳伝灯録研究会編、禅文化研究所
『景徳傳燈録（上）』佐橋法龍、春秋社
『決定版　五輪書　現代語訳』大倉隆二訳・校訂、草思社
『原初生命体としての人間―野口体操の理論』野口三千三、岩波現代文庫
『現代語訳　碧巌録（上中下）』末木文美士編、碧巌録研究会訳、岩波書店
『剣と禅』大森曹玄、春秋社
『五燈会元鈔講和　中国禅界の巨匠たち』芳賀洞然、淡交社
『菜根譚』洪自誠、今井宇三郎訳、岩波文庫

『斎藤茂吉選集15』岩波書店
『至道無難禅師集』公田連太郎編著、春秋社
『十牛図—自己の現象学』上田閑照・柳田聖山、ちくま学芸文庫
『正法眼蔵（一〜八）』増谷文雄全訳注、講談社学術文庫
『新校本宮澤賢治全集　第6巻』宮澤清六ほか編集校訂、筑摩書房
『新古今和歌集（上下）』新潮日本古典集成
『新修　中国詩人選集1　陶淵明・寒山』岩波書店
『信心銘』ラジニーシ著、スワミ・パリトーショ訳、禅文化研究所
『新訂　山家集』佐佐木信綱校訂、岩波文庫
『新編　東洋的な見方』鈴木大拙、上田閑照編、岩波文庫
『鈴木正三著作集Ⅰ』加藤みち子訳、中公クラシックス
『鈴木正三道人全集』鈴木鉄心校訂・編、山喜房仏書林
『世阿弥　禅竹』（『芸の思想・道の思想1』日本思想大系新装版）表章・加藤周一校注、岩波書店
『禅』鈴木大拙、工藤澄子訳、ちくま文庫
『禅語百選』松原泰道、祥伝社黄金文庫
『禅思想』柳田聖山、中公新書
『禅と日本文化』鈴木大拙、北川桃雄訳、岩波新書
『禅の語録16　信心銘・証道歌・十牛図・坐禅儀』梶谷宗忍・柳田聖山・辻村公一、筑摩書房
『禅の心髄「従容録」』安谷白雲、春秋社
『禅の名僧列伝』藤原東演、佼成出版社
『増補　求道と悦楽　中国の禅と詩』入矢義高、岩波現代文庫
『ソシュールの思想』丸山圭三郎、岩波書店
『蘇東坡　禅喜集』飯田利行訳、国書刊行会
『沢庵和尚全集　第5巻』沢庵和尚全集刊行会、日本図書センター
『沢庵　不動智神妙録』池田諭訳、タチバナ教養文庫
『ダルマ』柳田聖山、講談社学術文庫
『達磨の語録』柳田聖山、ちくま学芸文庫
『茶祖珠光伝』巨妙（大心義統）
『茶の湯の不思議』小堀宗実、日本放送出版協会
『ツァラトゥストラ』ニーチェ、手塚富雄訳、中公文庫

『罪と罰』ドストエフスキー、工藤精一郎訳、新潮文庫
『定本良寛全集　第三巻』内山知也・谷川敏明ほか編、中央公論新社
『典座教訓・赴粥飯法』道元、中村璋八・石川力山・中村信幸訳注、講談社学術文庫
『天地有情の哲学　大森荘蔵と森有正』伊藤勝彦、ちくま学芸文庫
『道元禅師語録』鏡島元隆、講談社学術文庫
『ナイン・ストーリーズ』J・D・サリンジャー、野崎孝訳、新潮文庫
『謎の禅師　白隠の読み方』栗田勇、祥伝社
『西田幾多郎全集　第十巻』岩波書店
『日本の禅語録　十四　正三』藤吉慈海、講談社
『日本文化私観』坂口安吾、中公クラシックス
『葉隠（上中下）』山本常朝、和辻哲郎・古川哲史校訂、岩波文庫
『白隠禅師　健康法と逸話』直木公彦、日本教文社
『白隠禅画墨蹟（墨蹟篇）』花園大学国際禅学研究所編、芳澤勝弘監修・解説、二玄社
『白隠禅師法語全集　第十三冊　粉引歌 坐禪和讃・ちょぼくれ他』芳澤勝弘訳注、禅文化研究所
『白隠禅師法語全集　第十二冊　隻手音聲』芳澤勝弘訳注、禅文化研究所
『白隠禅師法語全集　第四冊　夜船閑話』芳澤勝弘訳注、禅文化研究所
『白馬蘆花に入る　禅語に学ぶ生き方』細川景一、禅文化研究所
『芭蕉紀行文集』中村俊定校注、岩波文庫ワイド版
『芭蕉研究資料集成　明治篇』久富哲雄監修・解題、クレス出版
「はちすの露」『良寛全集（下巻）』東京創元社
『盤珪禅師語録』鈴木大拙編校、岩波文庫ワイド版
『百歳日記』まど・みちお、NHK出版・生活人新書
『風姿花伝・花鏡』世阿弥、小西甚一編訳、タチバナ教養文庫
『蕪村俳句集』尾形仂校注、岩波文庫
『ブッダ最後の旅』中村元訳、岩波文庫
『ブッダの真理のことば・感興のことば』中村元訳、岩

波文庫ワイド版
『へうげもの』（既刊二十巻）山田芳裕、講談社
『碧巌録（上下）』大森曹玄、タチバナ教養文庫
『碧巌録（上中下）』入矢義高ほか訳注、岩波文庫
『法句経』友松圓諦、講談社学術文庫
『まど・みちお全詩集』理論社
『無心ということ』鈴木大拙、角川ソフィア文庫
『夢窓国師―その漢詩と生涯』佐々木容道、春秋社
『夢中問答集』川瀬一馬校注・訳、講談社学術文庫
『無門関』西村恵信訳注、岩波文庫
『無門関（上）』原書で知る仏典シリーズ、西村惠信、四季社
『森田正馬全集』高良武久ほか編、白揚社
『八木重吉全集　第一巻』筑摩書房
『山岡鉄舟　剣禅話』高野澄編訳、タチバナ教養文庫
『逝きし世の面影』渡辺京二、平凡社
『弓と禅』オイゲン・ヘリゲル、稲富栄次郎・上田武訳、福村出版
『楽園・味覚・理性―嗜好品の歴史』ヴォルフガング・シヴェルブシュ、福本義憲訳、法政大学出版局
『利休道歌に学ぶ』阿部宗正、淡交社
『利休百首ハンドブック』淡交社編集局
『良寛歌集』吉野秀雄校注、東洋文庫
『良寛全集』大島花束、新元社
『良寛全集』大島花束編著、岩波書店
『良寛入門』栗田勇、祥伝社
『臨済録』入矢義高訳注、岩波文庫
『臨済録』朝比奈宗源、タチバナ教養文庫
『六祖壇経』中川孝、タチバナ教養文庫

この本を編むにあたっては、草思社の木谷東男氏、相内亨氏にお世話になりました。ありがとうございました（著者）。

著者略歴――――
齋藤孝 さいとう・たかし

1960年、静岡県生まれ。東京大学法学部卒業。同大学大学院教育学研究科博士課程を経て、現在、明治大学文学部教授。専攻は教育学、身体論、コミュニケーション技法。著書に『宮沢賢治という身体』（世織書房、宮沢賢治賞奨励賞）、『身体感覚を取り戻す』（日本放送出版協会、新潮学芸賞）、『三色ボールペンで読む日本語』（角川文庫）、『読書力』（岩波新書）など多数。2001年刊行の『声に出して読みたい日本語』（草思社、毎日出版文化賞特別賞）は、続篇（6巻まで刊行）、関連書をあわせて260万部を超えるベストセラーとなっている。ＮＨＫ・Ｅテレ「にほんごであそぼ」総合指導。近著に『現代語訳　学問のすすめ』『現代語訳　論語』（ちくま新書）、『孤独のチカラ』（新潮文庫）、『声に出して読みたい論語』『声に出して読みたい親鸞』『声に出して読みたい志士の言葉』『声に出して読みたい古事記』『声に出して読みたい新約聖書〈文語訳〉』『日常生活で仏になる方法』（草思社）、『古典力』（岩波新書）、『呼吸入門　心身を整える日本伝統の知恵』（角川新書）、『「疲れない身体」をつくる本』（PHP研究所）、『仏教　心を軽くする智慧』（日本経済新聞出版社）ほか多数。

声に出して読みたい禅の言葉

2016年2月24日　第1刷発行

著　者　齋藤　孝
装幀者　前橋隆道
発行者　藤田　博
発行所　株式会社 草思社
〒160-0022　東京都新宿区新宿5-3-15
電話　営業 03(4580)7676　編集 03(4580)7680
振替　00170-9-23552

本文印刷　株式会社 三陽社
付物印刷　日経印刷 株式会社
製本所　加藤製本 株式会社

ISBN978-4-7942-2190-2 Printed in Japan　検印省略